杨槱 著

轮船史

History of
Steamships

上海交通大学出版社
SHANGHAI JIAO TONG UNIVERSITY PRESS

内容提要

本书是由我国著名科技史学者、中科院院士杨槱教授继《帆船史》后的又一本船史图书。杨槱教授长期从事船舶的生产、教育和研究工作。同时他更以其求真务实的精神,致力于中国和外国船舶史的研究。本书以简练的笔法,扼要地叙述了蒸汽机船、铁船、邮船、商船、渔船、游艇、军用舰艇和工程船舶等各种轮船的发展过程,以期读者能花最少的时间获得有关船舶和海洋的丰富的知识,并使读者对一些事物,不仅知其然,还能知其所以然。这是一本科学性较强的科普读物。

图书在版编目(CIP)数据

轮船史/杨槱著. —上海:上海交通大学出版社,2020(2021重印)
ISBN 978 - 7 - 313 - 23573 - 2

Ⅰ. ①轮⋯   Ⅱ. ①杨⋯   Ⅲ. ①机动船—交通运输史—普及读物
Ⅳ. ①U674. 92 - 64

中国版本图书馆 CIP 数据核字(2020)第 138380 号

轮船史
LUNCHUAN SHI

著   者:杨 槱
出版发行:上海交通大学出版社   地   址:上海市番禺路 951 号
邮政编码:200030   电   话:021 - 64071208
印   制:上海天地海设计印刷有限公司   经   销:全国新华书店
开   本:880mm×1230mm 1/32   印   张:6.375
字   数:147 千字
版   次:2020 年 8 月第 1 版   印   次:2021 年 3 月第 3 次印刷
书   号:ISBN 978 - 7 - 313 - 23573 - 2
定   价:58.00 元

序

船舶是人类在水上从事运输、渔业、军事和开发海洋资源等活动的必要工具。轮船的船体是由钢、铝和合金等金属材料或塑料、木材等非金属材料构成的一个特殊形状的结构物体。船上有必要的生活设施。轮船由蒸汽机、汽轮机、柴油机、燃气轮机或核动力装置驱动航行并提供电力供船上照明、空调以及其他各种辅助设备所需。为了安全航行，船上还需要装设通信、导航和必需的安全设备。从事军事活动的军用舰艇，则需配置各种武器装备。

我国东临太平洋，有 18 000 公里长的大陆海岸线，7 000 多个沿海岛屿，专属经济区海域面积达 300 万平方公里。自古以来，我国就是海洋大国。当今人类活动日益走向海洋。世界各国都尽其全力利用海洋，对海洋产业十分重视。

轮船的历史很长，在唐代，我国就出现了人力驱动的车船，宋代有了更多的发展。此外，欧洲也出现过兽力驱动的轮船。由于人力和兽力非常有限，因此难于远航。只有蒸汽机发明以后，轮船才得到了飞速的发展。轮船这个名称来自"明轮"船，即以露出水面的、明白可见的"桨轮"为推进器的船。尽管当代船舶基本上都以没入水中的螺旋桨（当时曾称为"暗轮"）推进，但

"轮船"这个名称仍在广泛使用，例如"远洋货轮""定期班轮"等。本书主要介绍了近代和当代主要类型的机动船舶。

世界钢铁工业和机械工业几乎与蒸汽机同步发展。19 世纪中叶，几千吨的大船可以借蒸汽机发出的动力驱动和操纵。轮船不受风力和风向的制约，在许多航线上都显示出它的绝对优势。很快地，轮船在军舰中也占据了优势。过去，西方列强就是利用其"船坚炮利"的优势来侵略中国的。当时的中国维新派人士也说："自强之道在于造船制炮。"

早期轮船发展的标志是客邮船和各类军舰的发展。19 世纪末，人们不仅对轮船的性能、构造有了更多的了解，而且对火炮和装甲的制造也有了很大的进步，并发明了汽轮机和鱼雷，出现了鱼雷艇和与之对抗的驱逐舰。

20 世纪是轮船的完善时代。特别是柴油机的发明，迅速地取代了蒸汽机和汽轮机，而成为轮船的主要推进动力机械。船舶开始向专业化发展，船的类型也逐渐增多。

第一次和第二次世界大战加速了海军舰艇的发展。主要作战舰艇（如战斗舰和巡洋舰）的炮火装备越来越强，舰艇的吨位也越来越大。潜艇的出现，对军舰和商船队的威胁越来越大。在第二次世界大战中，航空兵几乎成为海上战斗胜负的决定性因素。防空、防潜的重要性增强，也使得海上战斗更加立体化了。导弹武器的出现，使大口径火炮的作用减弱了。

当代运输船队发展的显著特点主要有 3 个：一是散货船和油船的大型化；二是集装箱船的迅猛发展；三是船舶的进一步专业化和标准化，从而出现了很多新型船舶。随着长途航空客运的发展，客邮船迅速衰落，但代之而兴的是旅游船的蓬勃发展。海上客运的另一特点是海峡和近海客渡船的发展。

　　轮船是海洋运输、海军建设和海洋资源开发的必要工具。轮船的发展前途广阔，没有止境。本书将介绍轮船发展过程中的有关大事、重要人物和经验教训。"前车之鉴，后人之师"，这对于我们学习科学知识应是有益的。

　　　　　　　　　　　　　　　　　　　　杨槱

目录

第一章
蒸汽机船和铁船的出现

第一节　蒸汽机的发明

几百年前，人们就已认识到有压力的水蒸气可以产生代替人力做功的动力。英国是最早进入工业社会的国家，实用的蒸汽机在那里最早出现是很自然的事。1698 年，英国人托马斯·萨弗里（Thomas Savery）设计了一个应用蒸汽冷凝，产生真空，并能有效地从矿井抽水的水泵。1712 年，托马斯·纽科门（Thomas Newcomen）制成大气压蒸汽机。那是一个有活塞的汽缸，当汽缸内的蒸汽冷凝为水时，汽缸内形成真空，大气压力推动活塞。活塞连于一根中间有支架的横梁的一端，另一端连接抽水泵的连杆。这个抽水泵的效率更高一些（见图 1-1）。

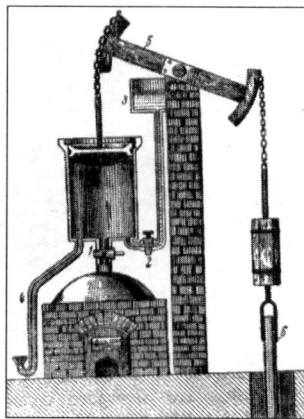

图 1-1　纽科门蒸汽机

1764 年，詹姆斯·瓦特（James Watt）在修理某一纽科门蒸汽机时发现它严重浪费蒸汽。于是他就在机身之外加装了一个凝汽器，结果显著地降低了能耗。1781 年，他又发明了连杆和曲轴机构，把往复运动变为旋转运动。随后，他继续改善机器并发明调速器等，使机器配套齐全，成为切合实用的蒸汽动力机（见

图 1-2）。现在国际上均用他的名字瓦特（Watt）作为公制功率的单位，1 千瓦特（千瓦）等于英制单位 1.36 马力。1768 年，瓦特与马修·博尔顿（Matthew Boulton）合作在英国伯明翰（Birmingham）市建立了一个工厂专造蒸汽机。瓦特蒸汽机在当时的造纸、面粉、纺织、制铁和酿酒等工厂以及为城市供水的自来水厂中得到了广泛的应用。当然，后来也用以推进船舶。

图 1-2　瓦特蒸汽机

第二节　蒸汽机船的诞生

用蒸汽机推进船舶的最早设想是用蒸汽机驱动桨轮（paddle wheel）以代替人力划桨。欧洲早在罗马时代就出现过以人力和兽力（马和牛）驱动桨轮的船（见图 1-3）。我国唐、宋时期也多次造过以桨轮作为推进器的船，称为"车船"（见图 1-4）。但实际上，这些"车船"的效果并不理想，由于人力和兽力都很有限，不能远航，因而未能推广应用。

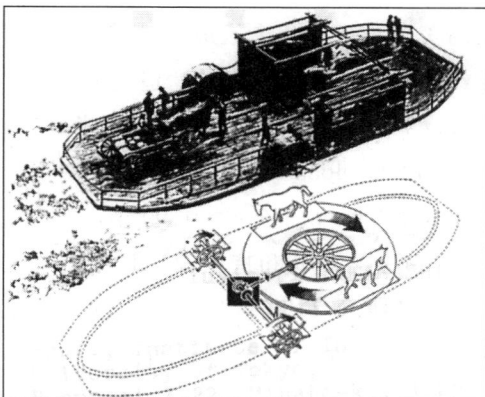

图 1-3　马力驱动的明轮船

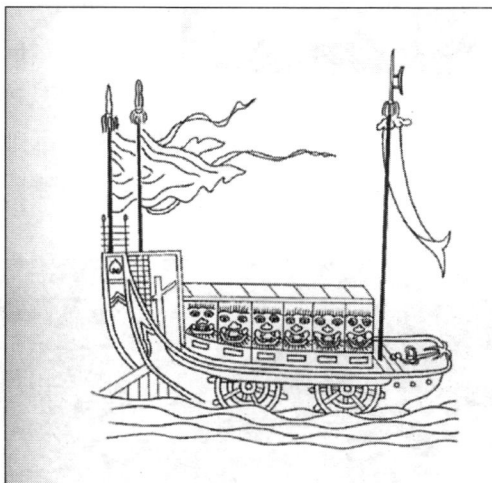

图 1-4　古书上的"车船"

18 世纪末期，在欧洲，丹尼斯·帕潘（Denis Papin）和乔纳森·霍尔斯（Jonathan Halls）等人分别在德国和英国试验过用蒸汽机驱动桨轮，推进船舶的蒸汽机船，但都未获得成功。然而在大西洋彼岸的美国，却有几个人成功地造出了蒸汽机轮船。1785—1788 年约翰·菲奇（John Fitch）造过两艘汽船，第一艘长 18.3 米，宽 2.44 米，蒸汽机缸径为 46 厘米，桨轮在船尾。该船在美国费城（Philadelphia）的特拉华（Delaware）河上航行多次，航速为每小时 5.0～6.5 公里。1790 年，他造了一艘更大的客船，在特拉华河上，费城和特伦顿（Trenton）之间，往返共航行了约 4 000 公里，未发生过严重事故，但他未能获利，也得不到有关方面的支持，他于 1798 年愤而自杀。

美国的另一个创业者比较幸运，他就是发明家罗伯特·富尔顿（Robert Fulton）。1802 年，他在法国巴黎居住时，曾专程去苏格兰参观在运河上航行的蒸汽机船夏洛特·邓达斯（Charlotte Dundas）号（见图 1 - 5），并于 1803 年造了一艘蒸汽机轮船在巴黎塞纳（Seine）河上表演过。他于 1806 年向英国博尔顿 & 瓦特（Boulton & Watt）工厂定制了一台新式蒸汽机，回到美国。他于 1807 年造了一艘长 40.5 米，宽 5.5 米，深 2.75 米，排水量为

图 1 - 5　Charlotte Dundas 号

400 吨，桨轮装在两舷的木质蒸汽机船。该船在哈得孙（Hudson）河上试航，从纽约到奥尔巴尼（Albany），航程为 390公里，平均航速为每小时 7.22 公里，最快达到每小时 8.7 公里。该船定名为克莱蒙特（Clermont）号（见图 1-6）。这是在行政和财务上支持他创业的社会名人罗伯特·利文斯顿（Robert Livingston）故乡的名称。该船试航成功后，富尔顿在纽约和奥尔巴尼两座城市之间开辟了一条旅客班轮航线。汽船不受天气风向的影响，准时到达，受到了乘客的欢迎，在商业上很成功。

图 1-6　富尔顿的克莱蒙特号

这时在欧洲，蒸汽机发源地的英国也在积极建造蒸汽机船。1801 年，英国人威廉·赛明顿（William Symington）造了一艘长 17.7 米，宽 5.5 米，吃水 2.4 米的蒸汽机和桨轮驱动的木船，这就是前面已经提到的 Charlotte Dundas 号。该船装有功率仅为 9 千瓦的水平式单缸蒸汽机，桨轮装在船尾部。该船在连接英国苏格兰爱丁堡和格拉斯哥两大城市的福斯—克莱德（Forth and Clyde）运河上拖带 2 只载重 70 吨的驳船逆风前进，6 小时走了 32 公里。该船在运河上来往航行了 4 个星期，后来由于船航行时兴起的波浪会冲坏运河堤岸，因此被迫停航。

1812 年，苏格兰工程师亨利·贝尔（Henry Bell）造成了很小的蒸汽机船彗星（Comet）号，船长 12 米，宽 3.2 米，重 28 吨，在格拉斯哥市中心与河口的格里诺克（Greenock）和海伦斯堡（Hellensburgh）之间的克莱德河上运输旅客和货物（见图 1-7）。后来，还把航线延长到苏格兰西海岸的奥本（Oban）和 320 公里之外的威廉堡（Fort William）。这船虽小，但航速却可达 6.7 节（12.4 公里/时），被认为是欧洲第一艘商业化营运的蒸汽机船。

图 1-7　彗星号

此后，蒸汽机船得到较快的发展。1815 年，蒸汽机船伊丽莎白（Elizabeth）号和泰晤士（Thames）号从格拉斯哥分别驶往利物浦和伦敦。两船虽都在途中遇到强风，但都顺利到达目的地。1816 年，蒸汽机船庄严（Majestic）号在伦敦泰晤士河上拖带东印度公司的大型帆船希望（Hope）号从近河口的达特福德（Dartford）到伦敦东区的伍利奇（Woolwich），顶着强风，航速每小时约 5 公里。这一年，还开辟了英国与爱尔兰之间的第一条海峡蒸汽船班轮航线，所用汽船为海伯尼亚（Hibernia）号，船长 24.4 米，重 112 吨。

英国著名轮机工程师戴维·内皮尔（David Napier）曾于 1812 年为汽船彗星号制造锅炉。1818 年，他为邮局开辟了利物浦、格里诺克和格拉斯哥，以及格里诺克和北爱尔兰贝尔法斯特（Belfast）之间运送邮件的定期汽船航班。他观察到，高耸平阔的帆船船首对汽船不适合。随后通过模型试验，他认为尖楔形船首更适用。这些早期的蒸汽机船基本上都把桨轮装在船中部两舷，也有个别的船把桨轮装在船尾。

……… 第三节　蒸汽机船成功地横越大西洋 ………

1819 年，美国装有辅助蒸汽机的帆船萨凡纳（Savannah）号于 5 月 24 日从美国萨凡纳港开往英国利物浦，全程航行时间为 29 天 11 小时，全程几乎都驶帆，仅在出入港时用蒸汽机，开动蒸汽机时间约 80 小时（见图 1-8）。该船用蒸汽机驶入利物浦的默西（Mercy）河时引起了轰动。

图 1-8　萨凡纳号

1826 年英国造的新星（Rising Star）号和 1833 年加拿大造的皇家威廉（Royal William）号等装有蒸汽机推进装置的帆船都曾横越大西洋，但它们在航行期间使用蒸汽机的时间不明。

Royal William 号是一艘 3 桅帆船，船长 53.7 米，宽 13.4 米（估计包括桨轮罩），深 5.3 米，重 363 吨，装有 Boulton & Watt 造的 134 千瓦边摇杆蒸汽机（side lever engine），船上有船员 33 人和旅客 7 人。

最早全航程用蒸汽机推进，横越大西洋的船是天狼星（Sirius）号和大西方（Great Western）号。天狼星号是一艘 2 桅船，船长 54.3 米，宽 7.8 米，深 5.6 米，总吨为 703 吨。它于 1838 年 3 月 28 日从伦敦起航，4 月 22 日晚到达纽约，虽在航行途中遇到风暴，但船长罗伯特上尉处事镇定。该船每天耗煤 24 吨，根据一些叙述，它不仅耗尽了船上煤仓中的燃料，而且把船上一切可燃的物品全都烧掉了，才抵达了目的地。当时船上没有装货，仅搭载了旅客 40～94 人（根据不同说法）。

大西方号是当时英国著名工程师伊桑巴德·金德姆·布鲁内尔（Isambard Kingdom Brunel）为英国大西方汽船公司设计的（见图 1-9）。该船全长 80.2 米，总宽（包括桨轮罩）18.2 米，重 1 321 总吨，主机功率为 336 千瓦。这船是英国布里斯托尔（Bristol）的帕特森（Patterson）工厂建造的，于 1838 年 4 月 7 日载了 7 名旅客开往纽约，当月 23 日到达，燃耗了船上所载

图 1-9　大西方号

煤炭的四分之三，它比天狼星号晚几个小时进港。这两艘船到达港口时，受到了纽约人的狂热欢迎。大西方号回程时载了 68 名旅客，航程为 14 天，比当时的飞剪型帆船还要快一些。此后该船在布里斯托尔和纽约间正常航行了 8 年。该船于 1847 年卖给经营西印度群岛航线的皇家邮政汽船公司（Royal Mail Steam Packet Company）。

1843 年，英国布里斯托尔的大西方汽船公司新造了一艘汽船大不列颠（Great Britain）号（见图 1-10）。这船也是由著名工程师布鲁内尔设计的。它是一艘铁质汽船，推进器是一个 4 吨重的螺旋桨，船长 98 米，宽 15.6 米，重 3 500 吨。该船原计划为木造，后改为铁造，用 1.8 米长，0.8 米宽的小铁板制成。这确实是一项大胆的尝试。1845 年 7 月 26 日，大不列颠号载着 60 名旅客和 600 吨货物从利物浦首航纽约，以 14 天 21 小时的时间完成了 3 300 海里的航程，平均航速为 9.24 节（1 节＝1 海里/小时＝1.852 公里/小时）。主机功率为 1 120 千瓦，可能由于锅炉供汽不足和螺旋桨不匹配的原因，主机只发出了 450 千瓦功率。回程时，螺旋桨断了一只叶片，当时海上风浪很大，它利用船上的帆装提供动力，以 18 天的时间驶返英国。随后该船换了

图 1-10　大不列颠号

一个新的螺旋桨，并对锅炉做了改进，就顺利地在大西洋上营运了。1846 年 9 月 22 日，在它的第 5 个航次，从利物浦出航后不久，在阴霾天气下因操作失误，于爱尔兰邓德拉姆海湾（Dundrum Bay）的唐郡（Down County）海岸搁浅，当时并未采取任何施救措施，18 个月后它又重新浮起。这时大西方公司由于财政困难，被迫廉价出售该船。该船在以后的 36 年中，曾从事澳大利亚航线营运，支援过克里米亚战争（Crimean War）等。后来，又在南美洲东南部的马尔维纳斯群岛（Is. Malvinas，又称福克兰群岛，Falkland Is.）作为一个储放羊毛和煤炭的仓库船达半个世纪之久。最后于 20 世纪 30 年代拖回英国布里斯托尔港修复，并作为永久纪念展览使用。

第四节 蒸汽机推进装置的进步

一、 蒸汽机和锅炉的进步

1853 年，苏格兰工程师约翰·埃尔德（John Elder）申请了新型船用蒸汽机的专利。该机可在一个循环过程中使蒸汽做两次功。蒸汽机有两个汽缸。蒸汽在高压缸做功后，再到容积更大的低压缸，消耗热能产生动能，然后到冷凝器冷却凝结成热水，再回到锅炉。这就是双膨胀复式蒸汽机（compound steam engine）。这种双膨胀复式蒸汽机比过去的单膨胀机可节省燃料 30%，而且机器可产生更大的功率。要使这种机器发挥作用必须要有高压蒸汽，而 19 世纪中期的船用锅炉仅能生产 1.75 千克/平方厘米

压力的蒸汽。1860 年前后，新设计的锅炉可产生压力为 3.5～4.2
千克/平方厘米的蒸汽，双膨胀复式蒸汽机也就进入实用阶段了。
1868 年，丘纳德（Cunard）汽船公司新造的帕尔蒂亚（Partia）号
和巴达维亚（Batavia）号大西洋班轮就装上了双膨胀复式蒸汽机。
许多轮船也把低效率的旧机器拆卸，换装了这种新机器。

　　锅炉的进一步改进是苏格兰回管式锅炉（Scotch boiler）（见
图 1-11）。随后强力鼓风锅炉产生的蒸汽压力增大到 8.4～11.3
千克/平方厘米。这样，就可使蒸汽在机器中再做一次功，在高
压缸和低压缸之间再加一个中压缸。这就是三膨胀式蒸汽机
（triple expansion steam engine），它比双膨胀复式蒸汽机更经济，
更省燃料，产生的功率也更大（见图 1-12）。高效率机器与西门
子-马丁平炉炼钢法这两件发明大致于 19 世纪 70 年代同时出现，
为以后建造大型钢质船舶奠定了基础。

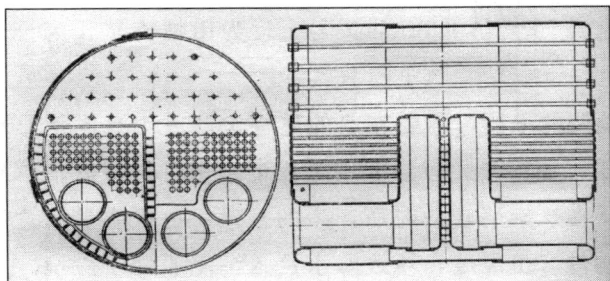

图 1-11　苏格兰回管式锅炉

二、　螺旋桨的推广应用

　　虽然很早就有人提出过利用螺旋桨推进船舶的设想，19 世
纪以来人们也不断进行试验，但直到 1839 年英国才建造出阿基

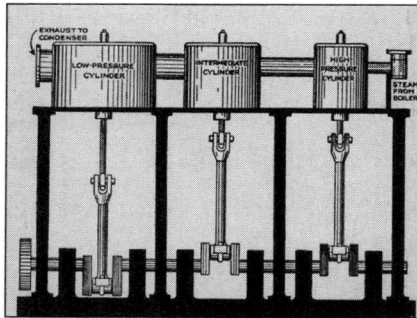

图 1-12 三膨胀式蒸汽机

图 1-13 螺旋桨

米德（Archimedes）号，这是一艘真正用螺旋桨推进的船。阿基米德号长 38.1 米，宽 6.9 米，主机功率为 60 千瓦。由于阿基米德号的成功，使得当时在造的原定用桨轮推进的著名客邮船大不列颠（Great Britain）号，改为用螺旋桨作为推进器（见图 1-13）。

　　螺旋桨的采用，需要在船的尾柱上开一个孔洞使驱动螺旋桨的船尾轴穿出。但该处很难保证水密性，使海水不致侵入船内。在螺旋桨转动时所产生的振动，也很容易使这里的船体结构件产生裂缝，导致海水侵入，使船处于险境。1854 年，造船师约翰·佩恩（John Penn）发现了西印度群岛上生长的铁力木（lignum vitae）。这种木材质地坚硬，有自润滑性，作为尾轴套衬十分理想。此后，这种铁力木套衬一直沿用到现代。

第五节　邮船班轮航线的发展

19 世纪上半叶，由于世界贸易的发展，各国海外邮件也随之快速增加。当时世界上最大的贸易国英国的邮局一直用较小的帆船和轮船运送邮件。那时的轮船在快速、准时和可靠性方面已比帆船占有明显优势。英国政府认为邮局自己建造专门递送邮件的大型汽船是不经济的，于是在 1838 年广泛征求能够准时可靠地递送邮件的船东，并许诺给予丰厚的报酬。

当时应征运送跨越大西洋邮件的船东有两个：一个是大西方汽船公司。当时它已拥有定期从布里斯托尔开往纽约的大西方号，而且已决定建造一艘更大的大不列颠号。另一个是加拿大哈利法克斯（Halifax）市的塞缪尔·丘纳德（Samuel Cunard）。他已拥有一支帆船队并到英国与当时著名的轮机、造船工程师罗伯特·内皮尔（Robert Napier）合作投标。他们的标书上有一条款，说他们中标后将建造 4 艘汽船，保证英国的利物浦和美国的波士顿（Boston）两城每月各有两次航班开出。他们中标后就与英国格拉斯哥船东乔治·伯恩斯（George Burns）和利物浦航商大卫·麦基弗（David Maciver）合作成立了英国与北美皇家汽船公司。公司立即向内皮尔船厂订造了 4 艘木质桨轮汽船，分别为阿卡迪亚（Acadia）号、不列颠（Britannia）号、喀里多尼亚（Calidonia）号和哥伦比亚（Colombia）号。这些船长 63.1 米，宽 10.5 米，深 6.86 米，重 1 156 总吨，采用蒸汽机，功率为 552 千瓦，航速为 8.5 节，载货为 225 吨和旅客 115 人（见图 1-14）。

英国与北美皇家汽船公司于 1840 年开始营业后，声誉鹊起，获利丰厚。随后，公司又造了更大更快的海伯尼亚（Hibernia）

图 1-14 Britannia 号桨轮汽船

号和康布雷（Cambria）号。前一艘船在 10 天内越过大西洋，并以美国纽约为终点港。1852 年，公司建造了它的最后一艘木质汽船阿拉伯（Arabia）号，主机功率为 1 678 千瓦，航速为 15 节。次年公司开始建造铁质汽船波斯（Persia）号，船长为 114.6 米，总吨为 3 300 吨，可载旅客 250 人。1878 年，公司改名为丘纳德汽船公司。

　　1845 年，美国国会通过一项法令：美国政府应和美国的航商们签订运送邮件的合同。此后，立即有一些航商利用政府的资助成立了汽船公司，但它们中经营成功的却很少。1847 年，美国柯林斯（Collins）班轮公司与美国政府签订了提供纽约和利物浦之间运送邮件服务的合同。美国政府付给该公司优厚的补贴。柯林斯班轮公司造了 4 艘 3 000 吨级的汽船，分别为北极（Arctic）号、大西洋（Atlantic）号、波罗的海（Baltic）号和太平洋（Pacific）号。前 2 艘船的龙骨长 84.1 米，宽 13.7 米，深 9.6 米，蒸汽机功率为 746 千瓦。Atlantic 号是第一艘在居室内采用蒸汽取暖的船。这些船比当时丘纳德汽船公司的船更大和更快一些，旅客设施也更考究一些。随后丘纳德汽船公司立即建造了 2 000 吨级的非洲（Africa）号和亚洲（Asia）号参加竞争。这时丘纳德汽船公司已有 12 艘船在营运，可开出更多的航班。这是一个很大的优势。

之后，柯林斯班轮公司遇到了几起重大事故。它的 Arctic 号汽船在浓雾中和法国汽船维丝塔（Vesta）号在海上相撞，破损沉没，船上 323 人遇难。1856 年 1 月，Pacific 号载了 156 人从利物浦出发后就杳无音信，最后失踪在大海之中。在这些大灾难面前，柯林斯班轮公司还是造了更大的亚得里亚（Adriatic）号。该船造价很高，使柯林斯班轮公司负债严重，又因公司经营不善无法偿还债务，1858 年，美国政府终止了对该公司的补贴，它只得停止营业。

当今世界大航运公司之一的半岛与东方汽船航运公司（Peninsular & Oriental Steam Navigation Company，我国航运界称它为铁行汽船公司）的发展，也与和政府签订邮件运递合同有密切的关系。19 世纪早期，爱尔兰人罗伯特·伯恩（Robert Bourne）除了用马车运送爱尔兰岛内邮件外，还买了一艘 206 吨的小船 William Fawcett 号越过爱尔兰海峡把邮件运到英国，并成立了都柏林市汽船班轮公司（City of Dublin Steam Packet Company）。1826 年，他委托伦敦的两个航运代理商布罗迪·威尔科克斯（Brodie Wilcox）和亚瑟·安德森（Arthur Anderson）作为他的代理人。在西班牙和葡萄牙内战期间，他买了一艘汽船 Royal Tar 号运货物到伊比利亚半岛（Peninsular Iberica）的这两个国家。由于汽船运货准时可靠，西班牙政府要求他们建立一条汽船定期航班。1837 年，英国政府与他们签订了运送邮件到伊比利亚半岛的合同，威尔科克斯和安德森就成立了半岛汽船航运公司。第一艘船是 516 吨的桨轮汽船伊韦里卡（Iberica）号，主机功率为 134 千瓦。1840 年，由于该公司获得了埃及和印度政府运送邮件的合同，因此"东方"（Oriental）一词就加到了公司的名字上。随后，公司添置了 1 674 吨的 Oriental 号和 1 311 吨的大利物浦（Great Liverpool）号两艘汽船。两船的航线是经过直布罗陀海峡和地中海的马耳他（Malta）到埃及的亚力山大港。

1842 年，半岛与东方汽船航运公司开设苏伊士—加尔各答汽船航线，并用 2 017 吨的印度斯坦（Hindustan）号经营这条航线（见图 1 - 15）。同年，公司又得到英国政府运送邮件到澳大利亚的合同。随后船只增多，印度航线延伸到新加坡。后来，该公司的船又开往中国和日本，成为近代远东最强大的航商之一。

图 1 - 15　Hindustan 号

第二章
近代海军舰艇的发展

　　19世纪上半叶，英国虽然掌握了制海权，但法国人仍然能造出最好的木结构的海军舰艇。他们的船较大，航海性能较好，因此法国的造船师能在造舰上起主导作用。他们精通船舶原理，能不断研究改进船体结构和帆装。

　　这时，英国也出现了一个杰出的造舰人物——威廉·西蒙兹（William Symonds）。1825年，英国海军批准了他设计的一艘18门炮的小炮舰科伦拜恩（Columbine）号；同时英国波特兰（Portland）公爵还委托他建造了一艘游艇潘塔隆（Pantaloon）号，两船都很成功。随后，他为英海军建造了不少优秀的帆装战船。他设计的船的船体结构强度较好，船的尺寸比法国船更短更宽一些。船体水下形状瘦削，特别是尾部线条光顺，航速较快。他把桅桁的尺度标准化，从过去的88种减为20种，尽量使它们能在多种舰船之间互换使用，例如大船的顶桅桁可作为小船的主桅桁等。1832年，西蒙兹被英海军任命为海军总监造官。他于1844—1845年间组织过一次4艘400吨级不同设计的新船和2艘300吨级的老船在不同海况下迎风和侧面风航行的一系列试验，比较它们的航海性能，以指导后面的军舰设计。这些工作都符合科学实验原则。

第一节　蒸汽机和螺旋桨在军舰上的应用

一、蒸汽机的应用

　　由于各国海军的保守思想，海军舰艇采用蒸汽机作为推进机器要比商船晚一些。1822 年，英国海军在著名工程师布鲁内尔的劝说下建造了一艘重 238 吨，主机功率为 67 千瓦的木质桨轮汽船，随后又造了重 212 吨的猿猴（Monkey）号。两船用来在无风或风向不利时拖曳海军大型军舰进出港（见图 2-1）。

图 2-1　拖轮拖军舰入港

　　当时英国海军没有轮机人员，船上轮机操作人员都由造机工厂提供。欧洲的法国、俄罗斯和意大利等国的海军也以英国海军为榜样，造了一些小型辅助桨轮汽船。当时这些国家都无意在主力战舰上安装蒸汽机推进装置。

1832 年，英国海军建造了第一艘木质桨轮军舰格尔奈尔（Gulnare）号，舰上装了 3 门炮。随后又陆续建造了一些小于 1 000 吨的军舰，舰上武器不多。但不久以后，在对现有的一些大型战舰进行改装时，英国海军增加了蒸汽机推进装置。改装的方法一般是把船放在船坞内，把船的中部切断、拉开，插入一段新造成的船体以安放锅炉和机器，再加装推进器，即螺旋桨和轴系。一些很老的战舰，如 1809 年建造的埃贾克斯（Ajax）号、霍雷肖（Horatio）号和 1814 年建造的纳尔逊（Nelson）号都先后安装了蒸汽机。但这些船都保留了原来的帆装。那时商船为了能准时、可靠地提供服务，主要靠蒸汽机作为动力推进装置，而把帆装作为辅助推进工具。只在机器有故障时，商船才驶帆继续航行。军舰在巡航时都靠风力驶帆航行，而在无风或风向不利时，才求助于蒸汽机。英国海军于 1854 年在克里米亚半岛对俄罗斯的战争中，显示了汽船在作战中的优越性。此后才开始大力发展蒸汽机战舰。

二、螺旋桨的采用

当时桨轮和螺旋桨两种推进器孰优孰劣的问题在海军中有所争论。1845 年 3 月，英海军用两艘同型的 800 吨级巡防舰响尾蛇（Rattler）号和阿勒克托（Alecto）号进行了试验。

两舰均装有功率为 164 千瓦的蒸汽机，但前者以螺旋桨作为推进器，后者以桨轮作为推进器。两船尾部用一根缆索相连，各以全功率向相反方向驶行。结果 Rattler 号获胜，它以 2.7 节的航速拖着 Alecto 号倒着航行了 160 公里（见图 2 - 2）。

图 2-2　Rattler 号和 Alecto 号进行互拖试验

那时，装了螺旋桨的军舰驶帆时还要把螺旋桨提出水面，以减少行船阻力。这是很费时费力的事，直到 1861 年后才不再进行这项操作。

三、 铁质军舰的开始

在海军的发展历程中，建造铁船以代替原来的木船也经过了一段艰苦的历程。海军中有不少人认为，铁质材料不仅易生锈腐蚀，易被海水生物附着增加航行阻力，而且在对敌作战时，铁板被炮弹击中后易破裂，碎片四射，后果不堪设想。幸亏当时英国有一些目光远大的人，他们早已看到铁船和螺旋桨的优越性，例如托马斯·科克伦（Thomas Cochrane）和约翰·莱尔德（John Laird）。两人分别于 19 世纪 20 年代和 40 年代提出了建造铁质军舰的方案，但均未被英国海军当局接受，而他们的建议却被希腊和墨西哥海军所采纳，两国较早地订购了铁质军舰。

这时，英国东印度公司为了巩固其对印度和中国贸易的垄断地位，于 1839 年向利物浦附近的伯肯黑德（Birkenhead）的地方船厂——约翰·莱尔德（John Laird）造船厂订造了几艘涅墨西斯（Nemesis）级铁壳船。这些船载重 660 吨，船上装了两门 32 磅（炮弹重 14.5 公斤）的火炮，吃水仅 1.5 米，可进入浅水海域和内河。1840—1842 年，英国对中国发动鸦片战争时曾租用过这些船。

第二节　装甲战舰的出现

19 世纪上半叶，海军所用的火炮仍然是 19 世纪初特拉法尔加（Trafalgar）海战时使用的前装炮，发射实心的铁弹丸或石弹丸。迫击炮发射具有抛物线弹道的开花（爆炸）弹仅用于轰炸陆上目标，还没有作为舰对舰的武器。1822 年，法国炮兵将领亨利-约瑟夫·佩克桑（Henri-Joseph Paixhans）建议海军炮发射开花弹，并使开花弹成为舰对舰的武器。他于 1824 年用开花弹对老旧的系泊在海中的巡防舰 Pacificateur 号试射，十分有效。1853 年，俄罗斯和土耳其两国舰队在黑海南岸土耳其北部的锡诺普（Sinop）海上对垒。当时俄罗斯战舰上装载了新式的可发射开花弹的法国炮，而木质结构的土耳其战舰只有常规发射实心弹丸的旧式炮。俄罗斯战舰发射的开花弹使土耳其战舰着火焚烧，土耳其舰队战败。这一情况引起了各国海军的注意，并开始研究如何防御开花弹的问题。与此同时，造炮厂在炮膛内采用来复线（rifle），即炮管内壁刻有螺旋槽，使弹丸旋转以增大射程和提高射击精度。从此大家认识到，战舰必须要有装甲保护，以抗拒从有来复线的炮膛射出的开花弹。

1846 年，英国海军受到民间航运公司的影响，建造了 3 艘 1 400 吨的伯肯黑德（Birkenhead）级铁质蒸汽机巡防舰。第一艘是桨轮船，后两艘则是螺旋桨船。这 3 艘船并未作为战舰使用，而是作为运兵船。1852 年，英国建造了第一艘装了蒸汽机和螺旋桨的 80 门火炮的二级战舰阿伽门农（Agamemnon）号。

1855 年，法国造了 3 艘装了护甲的浮动炮垒，分别为"蹂躏"（Devastation）、"爆鸣"（Tonnante）和"熔岩"（Lave），去俄罗斯的克里米亚半岛对金伯恩（Kinburn）炮台进行攻击。船队一直航行到距炮台仅 914 米处，在俄罗斯海军密集炮火的攻击下，几乎未受损伤。英国海军注意到这一情况，于 1856 年造了 4 艘恐怖（Terror）级铁甲炮舰，舰长 33.2 米，宽 14.78 米，吃水 2.69 米，重 1 950 吨，各装有 16 门光膛（无来复线）的 68 磅（31 公斤）火炮，主机功率为 149 千瓦，航速为 5.5 节。这几艘船实际上是浮动炮垒。

1858 年，法国决定建造 4 艘装甲战舰。前 3 艘是木结构的，5 707 吨的战舰由法国著名造船师迪皮伊·德洛梅（Dupuy de Lome）设计。它们分别是格洛里（Glorie）号、无敌（Invincible）号和诺曼底（Normandie）号（见图 2-3）。舷边装甲上面厚 110 毫米，下面厚 120 毫米，铁甲的后面是 660 毫米厚的木船壳板。第 4 艘皇冠（Couronne）号，重 6 531 吨，是造船师奥德内（Audenet）在迪皮伊·德洛梅的指导下设计的，是一

图 2-3　法国装甲战舰 Glorie 号

艘铁船。该船舷侧 100 毫米厚装甲的后面有 100 毫米厚的柚木垫衬，装在铁架上，后面还有 300 毫米厚的柚木，最后连接到 20 毫米厚的铁质外壳板上。这种复合结构甚为有效。这些战舰有 3 根桅杆，前桅和主桅挂方帆，后桅则挂纵帆。所有炮位都装设在一层甲板上。它们被称为装甲巡防舰。

英国为了对付法国的这批装甲舰，于 1860 年由著名造船师艾萨克·沃茨（Isaac Watts）设计建造了勇士（Warrior）号和黑王子（Black Prince）号两艘铁甲战舰，舰长 115.8 米，重 9358 吨，航速为 14.5 节（见图 2-4）。船中部两舷装有长 65 米，厚 115 毫米的铁甲，后面有 76 毫米厚的柚木衬垫，高度向上达到水线以上 6.4 米，向下伸到水线以下 1.8 米，包括炮位甲板的全长。两端亦有 115 毫米厚的铁装甲舱壁，形成一个装甲的中央炮垒。船首尾各长约 25 米的部分则没有装甲。由于这两艘舰只有 40 门炮，因此所有炮都装设在一层甲板上，舰上定员 707 人，英国海军将其定为二级战舰。

图 2-4　英国铁甲战舰 Warrior 号

第三节　可旋转炮塔的创造发明

1855 年，英、法等国对俄罗斯的克里米亚战争时，英国海

军著名舰长考珀·科尔斯（Cowper Coles）制造了一种可装设大
口径火炮的木筏。

科尔斯称该木筏为南希夫人（Lady Nancy），长 13.7 米，宽
4.6 米。木筏由 6 排共 29 个木桶组成，上面连以支架并铺了木
板。在木筏的中间装有一门 32 磅（14.5 公斤）的火炮，吃水仅
0.5 米，可用拖船拖到靠近岸边目标处。英国海军用这种浮动炮
台（见图 2-5）轰击了俄罗斯南部亚速海（Sea of Azov）岸边的
兵工厂城市塔甘罗格（Taganrog），十分准确有效。科尔斯认为，
低干舷（即甲板离水面较近）和把火炮安放在船的中线处是有利
的。他曾提出一种 9 350 吨的炮塔战舰的设计。舰上有 10 个炮
塔，每个炮塔内装有 2 门炮。8 个炮塔位于船的中线，2 个位于
船首楼的两侧。1859 年，他申请了关于旋转炮塔的专利。

图 2-5　浮动炮台

英海军采纳了科尔斯的建议，并于 1862 年建造了海岸防卫
舰艾伯特王子（Prince Albert）号，排水量为 3 940 吨。船上装

有 4 门 9 英寸（229 毫米）口径的火炮，每门炮都装在船中线的炮塔内。该舰通过人力推动，18 人在 1 分钟内可以转动 1 周。这当然是很原始很费力的操作方法。欧洲的法国、德国、俄罗斯、丹麦等国和南美洲的巴西都根据科尔斯的设想建造了铁甲舰。

　　美国更是在实战情况下，为发展装甲战舰和可旋转的炮塔设计提供了经验。1861 年，美国南北两方的内战爆发。北方联军从弗吉尼亚州诺福克（Norfolk）海军工厂撤退时，把不能撤离的军舰都自行沉没水中。南方邦联军占领该地后，就把其中一艘木结构的巡防舰梅里马克（Merrimack）号打捞出水。在该船的上甲板上建造了两边倾斜的上层建筑，外面铺装 3 100 毫米厚的铁板，两舷开炮口装了 10 门火炮，在船首还装了一个冲角。在船改装后的第二天，就开到汉普顿锚地（Hampton Roads）去封锁约克（York）和詹姆斯（James）河河口。在那里把北方的巡防舰坎伯兰（Cumberland）号撞沉，并迫使另一艘战舰国会（Congress）号投降。Merrimack 号虽被北方联军的战舰和岸上炮火击中多次，但炮弹均被倾斜的装甲折入大海而 Merrimack 号并无损伤。

　　北方联军也委托瑞典裔著名工程师约翰·埃里克森（John Ericsson）设计和建造一艘全新的战舰，命名为莫尼特（Monitor）号。1861 年 10 月，在纽约的布鲁克林（Brooklyn）海军工厂开工，仅用 3 个多月的时间就完成了。它是一艘低干舷的铁船。在重装甲的甲板上装有可旋转的炮塔，其内装有 2 门 11 英寸（279 毫米）口径的 Dahlgren 火炮，炮塔外有 230 毫米厚的装甲。该舰于 Merrimack 号攻击 Cumberland 号和 Congress 号两舰后的那天到达汉普顿锚地。它与 Merrimack 号用巨炮互射了 6 个小时，双方都未受到严重损伤（见图 2 - 6）。日落时两舰都退出战斗，也未再次相逢。1862 年 5 月，南方邦联军退出诺福克时把 Merrimack 号烧毁并沉入海中。次年 12 月，Monitor 号由于干舷过小，稳性不足，在沿岸航行时于大风浪中翻沉。

图 2-6　Merrimack 号与 Monitor 号之间的战斗

第四节　对于船的稳性和航行阻力的进一步认识

1870 年，科尔斯设计的装甲战舰船长（Captain）号在西班牙以北的比斯开（Biscay）湾试航时，在中等强度的风浪中，3 分钟内倾覆，全舰人员仅 18 人生还。该舰长 97.5 米，宽 16.2 米，深 7 米，但干舷仅为 2 米。科尔斯认为干舷小，对敌目标也小。但这却是该舰致命的缺点，即稳性不足。该舰有蒸汽机和螺旋桨推进装置，但还装备了和其他驶帆战舰一样多的帆装，更糟糕的是甲板上装有重甲的可转动的炮塔，这样船的重心更是有所提高。人们早已知道降低重心和加大船宽是提高船舶稳性的主要措施。Captain 号事件发生后，造船者更知道了船的干舷对船的大倾角稳性和动稳性有多么重要。

依靠蒸汽动力推进的轮船问世以后，人们对船航行时的阻力问题更加重视，因为这不仅影响船的航行速度，更影响燃料的消耗量。19 世纪上半叶，英国的约翰·斯科特·拉塞尔（John Scott Russell）和威廉·弗劳德（William Froude）等人对船航行时摩擦阻力和涡流的形成进行了很多观察和研究。1870 年，弗劳德得到了英国海军的资助，在他的家乡托基（Torquay）建造了一个船模试验水池（见图 2-7）。

图 2-7　弗劳德和他的船模试验设备

弗劳德把船的阻力分为摩擦阻力和剩余阻力（包括漩涡和兴波阻力）两部分，后者与船体形状有密切关系。他导出了根据船模试验结果估算船的航行阻力的方法，以便选取最佳船型。1871—1873 年间，他还制作了精确的测阻力仪、为船舶稳性研究用的横摇自动记录仪和测量模型螺旋桨推力用的动力仪等重要的船模试验用仪器。此后，许多海洋国家都建设了类似的船模试验池，船舶流体力学也成为造船学的一个重要分学科。

第五节　鱼雷、鱼雷艇和驱逐舰的出现

1865 年，奥地利武器专家路皮亚（Luppia）发明了一种船形

武器，首部装有炸药，用弹簧发条驱动，并有舵控制它的航向。他把该发明拿到意大利北部港口 Fume（当时还是匈奥帝国在亚得里亚海（Adriatic Sea）的一个重要港口），并在那里找到一家由英国工程师怀特黑德（Whitehead）主办的轮机（船用机器）工厂。1867 年，怀黑德造出了一个由压缩空气动力机械驱动的自动鱼雷，并有定深仪器（见图 2-8）。1870 年，英国海军向怀黑德购买了制造权。1877 年时鱼雷的射程约为 900 米，航速为 7 节；如射程仅为 275 米时，则航速可达 12.25 节。随着鱼雷的射程、航速和可靠性的不断提高，它成了一种很有威力的海军武器。

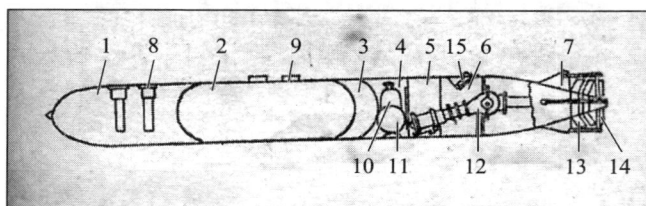

图 2-8　鱼雷
1—雷头；2—储气舱；3—储水舱；4—储油舱；5—机器舱；
6—后舱；7—雷尾；8—爆裂器；9—引擎管；10—燃油罐；
11—滑油罐；12—主机；13—推进器；14—直舵叶；15—扳机

1879 年，英国海军建造的蒸汽机鱼雷艇闪电（Lightning）号，航速为 20 节。原该艇只准备用长杆携带触雷攻击敌舰，但自从有了自动鱼雷后，立即在船上加装了 2 只水上鱼雷发射管，以便发射怀特黑德（Whitehead）鱼雷。1880 年试射成功后，英国海军立即订造了 12 艘同类型的鱼雷艇（见图 2-9）。1881—1885 年间，欧洲的俄罗斯、法国、荷兰、意大利、奥地利诸国都造了一些鱼雷艇。1886 年智利、中国、希腊、西班牙、葡萄牙、瑞典和土耳其等国也跟着造了这种鱼雷艇。

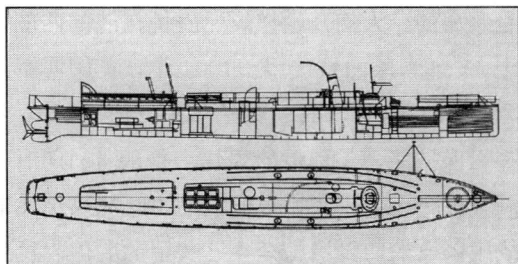

图 2-9　鱼雷艇

　　这么多国家都采用了这种新武器，这对英国的海上霸权构成了威胁。于是英国海军就发展出了一种更大更快的军舰，装上 4 英寸（102 毫米）口径的火炮，以便可以追捕和击毁鱼雷艇。1893 年，英国 2 艘鱼雷艇驱逐舰（torpedo boat destroyer），简称驱逐舰（destroyer）下水，排水量为 250 吨，航速为 27 节，备有 4 门火炮、3 只水上鱼雷发射管，各种性能均超过了鱼雷艇（见图 2-10）。驱逐舰没有装甲，完全依赖于航速保护自己，船的长度与宽度的比值达到 12，是一种瘦而长的船。

图 2-10　驱逐舰

　　到 19 世纪末，鱼雷的射程已达 9 000 米，航速达 28 节；如射程仅为 3 700 米，则航速可达 44 节，战舰很难躲避；如被击中要害，则将是致命的。人们开始把煤舱安排在舰的两舷，认为煤舱可以抵得上 63 毫米厚的铁装甲。1904 年，英国海军用 457 毫米直径的鱼雷攻击一艘老旧的战舰柏尔来（Belleisle）号，发现舷侧的煤舱毫无保护能力。鱼雷的爆炸力把舰体炸开了一个 3.7 米宽的大孔洞，破坏了上甲板，煤舱内的 400 吨煤炭飞散到全船各处。后来战舰采取的防御措施是在已装甲的舰体内再装一道装甲的纵向舱壁，加密舰体内部水密舱的划分。同时，把船的航速提高 2～3 节，使战舰能迅速转向以避开鱼雷的攻击。战舰在港停泊时，则在船的周围用支架张设防护网以防鱼雷攻击。

第六节　火炮和装甲的改进

19 世纪下半叶，火炮在攻击能力、射程和准确性等方面都有了很大的提高。火炮从短炮膛（管）的前装炮（从炮口填装火药与炮弹）改为长炮膛的后装炮。19 世纪 70 年代，由于火药的进步使炮弹离开炮膛的初速有了很大的提高。后膛装弹药则不必把炮退入船内，使每发炮弹准备发射的时间大大减少。

在木结构战船时代，战舰在海上列队对阵作战的战斗距离仅为 90 米，是近距离平射。19 世纪下半叶，海战对阵射击距离越来越远，1860 年是 900 米，1880 年是 1 800 米，1890 年是 5 500 米，到第一次世界大战前夕的 1914 年更是达到了 16 500 米。

火炮威力的增强促使了装甲的发展。开始是增加厚度，以抗拒长炮膛发出炮弹的较强的穿透力。19 世纪 60—80 年代，战舰火炮口径不断增大，甚至有 450 毫米口径的火炮。战舰装甲厚度最大曾达到 730 毫米，重量很大。后来发明了淬火硬化钢，装甲的厚度才有所降低。火炮设计也在改进，重量有所减少。到了19 世纪末，战舰火炮口径一般为 300 毫米左右，淬火硬化钢装甲的厚度也与此相仿。

当时大型战舰的主炮是 300 毫米口径的重炮。为了对付鱼雷，战舰上装了发射 5.4 公斤重炮弹的速射炮。当然这种小炮对付不了驱逐舰，于是大战舰上又装了 150 毫米口径的二级火炮。

驶帆战舰的桅帆严重地阻碍了设在船中线转动炮塔的操作，因此 19 世纪 80 年代以后，蒸汽机和螺旋桨推进的战舰已不再装有众多的桨和帆装备了。

第七节　汽轮机的发明

19 世纪末期，一种新式的船用推进机器问世。这就是由英国著名工程师查尔斯·帕森斯（Charles Parsons）发明的蒸汽轮机（steam turbine），简称汽轮机。这是一种旋转式发动机。高压蒸汽自一喷嘴喷到周围有叶片的圆盘上，推动整个转盘高速转动而发出功率。叶片转盘的轴可直接驱动螺旋桨，或通过一个减速器减速后以低转速驱动螺旋桨。这种减速装置可以使汽轮机和螺旋桨在各自的最佳转速运转，提高推进效率。

帕森斯以很特殊的方式介绍了他发明的新式船用发动机。他造了一艘长 30.5 米，排水量为 44.5 吨，用汽轮机驱动的游艇透平尼亚（Turbinia）号。艇上装有 3 台功率为 1716 千瓦的汽轮机，各驱动 1 个螺旋桨（见图 2-11）。1897 年，英国为庆祝维多利亚女王即位 60 周年，在朴次茅斯（Portsmouth）的斯皮特黑德（Spithead）海上举行了海军阅兵仪式，各国贵宾和海军将领都在场。帕森斯把他的游艇开到那里，快速驶入检阅区域，在停泊的许多军舰边上来回疾驶。英国海军派出蒸汽机快艇去驱逐 Turbinia 号离开现场，但没有一艘快艇能追上它。据估计，当时 Turbinia 号的航速达到了 34.5 节。这艘船的出现给来宾们留下了深刻的印象。

TURBINE'S bladed wheels spin with enormous power as steam hits them.
286

图 2-11　帕森斯的蒸汽轮机和游艇 Turbinia 号

汽轮机和蒸汽机相比，结构简单，功率对重量比值大，体积小，而且由于是旋转式机器，不会像往复式发动机那样，经常产生严重的振动问题。1899 年，英国海军的 2 艘 330 吨的毒蛇（Viper）级驱逐舰下水。舰内装有 4 台 Parsons 汽轮机，各驱动一根推进轴，每根轴上装有 2 个螺旋桨，试航时航速可达到 36.68 节。

1904 年，英国海军以三膨胀式蒸汽机推进的轻巡洋舰托珀兹（Topaz）号和以 10 600 千瓦功率汽轮机推进的同级舰紫石英（Amethyst）号进行比较试航。Amethyst 号燃煤消耗比 Topaz 少 30%，而发出的功率却大 40%，这证明了汽轮机用于大型高速舰艇的优越性。

汽轮机必须在高转速运转时，才能高效率地发出功率，而螺旋桨要高效率运转，转速要低得多。1909 年，一艘货船维斯帕西安（Vespasian）号在改装汽轮机时，在汽轮机和螺旋桨之间加装了一个减速比为 20∶1 的齿轮减速器。这样，汽轮机和螺旋桨都可以在各自的最佳转速运转了。此后，汽轮机推进装置广泛地应用于大型军舰和商船。

第八节　无畏舰的制造和影响

无畏舰（Dreadnought）这名称是指 20 世纪初期名噪一时的全重炮战舰。当时欧洲各国海军的战斗舰处于稳定状态。战舰的排水量约为 17 000 吨，舰上有 2 个炮塔，各有 2 门 300 毫米口径的重炮。此外，还有 40 门各种较小的炮，大的有 230 毫米口径，小的是发射 3 磅（1.36 公斤）弹丸的速射炮。舰的两舷和炮塔有 300 毫米厚的装甲防护。舰上装有 2 台三膨胀式蒸汽机推进装置，航速为 18～19 节。

1903 年，著名意大利舰艇设计师维托里奥·库尼伯蒂（Vittorio Cuniberti）在当年出版的介绍各国海军情况的《简式战斗舰年鉴》（*Jane's Fighting Ships*）上发表了《英国海军理想的战斗舰》一文。他建议的 17 000 吨排水量的战斗舰装有 12 门 300 毫米口径的重炮，装甲厚 300 毫米，航速为 24 节。这种战斗舰在长距离作战时可向敌舰发射大量重磅炮弹。那时战斗舰的作战距离为 2 750 米左右。当时英国地中海舰队司令官约翰·费希尔（John Fisher）上将已进行一些长距离作战试验，把有效作战距离延长到 5 500 米。他还发现如把作战距离再延伸到 7 300 米，击中目标的概率也不小。在这样远的作战距离，要达到准确的炮火射击的方法是用同一口径的火炮齐射。这样可以统一修正炮的仰角。否则,不同口径的炮齐射,则炮弹落水处的水花是由哪一个口径火炮发射的炮弹产生的就分不清楚了。因此费希尔和库尼伯蒂的观点相同。

1904 年,费希尔被任命为英国海军大臣(First Sea Lord)。他认为,英国海军要保持优势必须抢先建造新型战斗舰。于是,无畏舰于 1905 年 10 月 2 日在朴次茅斯海军船厂开工,1906 年 2 月 10 日下水,10 月 3 日试航,12 月服役(见图 2-12)。它有 10 门 300 毫米口径的重炮,装在 5 个旋转炮塔内。重炮可向首尾发射,有 8 门重炮可同时向一舷的目标齐射。此外还有 27 门 12 磅(5.4 公斤)的速射炮和 5 只 18 英寸(457 毫米)口径的鱼雷发射管。舰上定员 729 人。该舰装甲厚 305 毫米,排水量为 17 527 吨,采用 20 800 千瓦功率的汽轮机动力装置,航速为 21 节。该舰的桅、烟囱和桥楼的安排原则是对炮火射击的干扰最小。

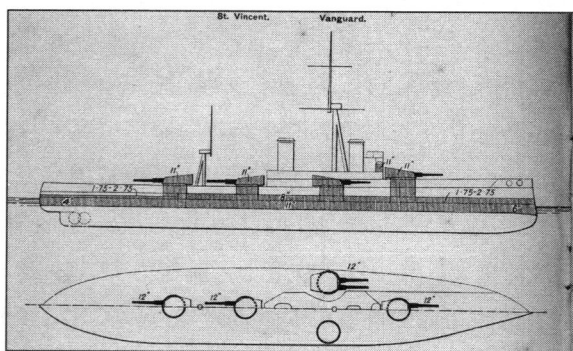

图 2-12 英国的无畏舰

无畏舰问世后,德国、法国等国立即修正造舰计划,要造更新更强有力的战斗舰与无畏舰抗衡。这就兴起了一轮以重炮战斗

舰为中心的海军军备竞赛。直到 1898 年，欧洲的海军强国是法
国和俄罗斯，意大利在地中海也有相当的力量。此外，在大西洋
彼岸的美国和远东的日本则是新兴的海军强国。这一年德国通过
一项海军法令，宣布要建设一支现代化的海军。它以其强大的工
业实力很快也成了海军强国。

　　1909 年，美国战斗舰密歇根（Michigan）号（见图 2 - 13）
和南卡罗米纳（South Carolina）号服役。两舰在首尾两端的主炮
塔上面再加装一个主炮塔。上下炮塔相互错开，不仅不影响炮弹
输送和重炮射击效率，而且可以减少船的长度。这种重叠炮塔的
布置确实是战斗舰设计的一大创新。此后，这种设计迅速被各国
海军竞相采用。1913 年，德国开始建造巴登（Baden）级战斗舰，
排水量为 28 000 吨，推进主机功率为 39 540 千瓦（见图 2 - 14）。

　　面临威胁，英国海军于 1912—1915 年间建造了由著名造舰
师菲利普·沃茨（Philip Watts）设计的伊丽莎白王后（Queen
Elizabeth）级战斗舰 5 艘（见图 2 - 15）。舰上有 8 门 381 毫米口
径的重炮，都装在前后端重叠的炮塔内，射程为 21 公里，炮弹
重 860 公斤。伊丽莎白王后级战斗舰每分钟可发射 2 发炮弹（见

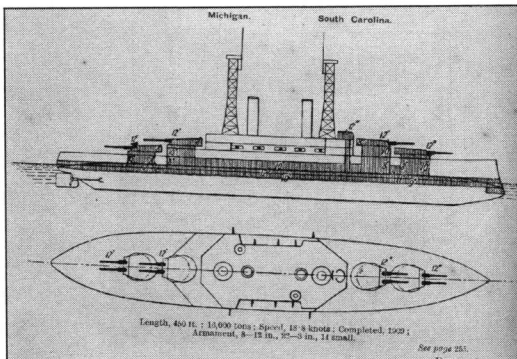

图 2 - 13　美国战斗舰 Michigan 号

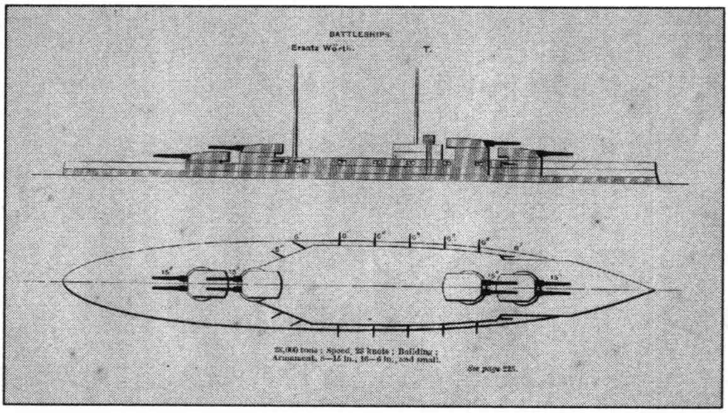

图 2－14 德国巴登级战斗舰

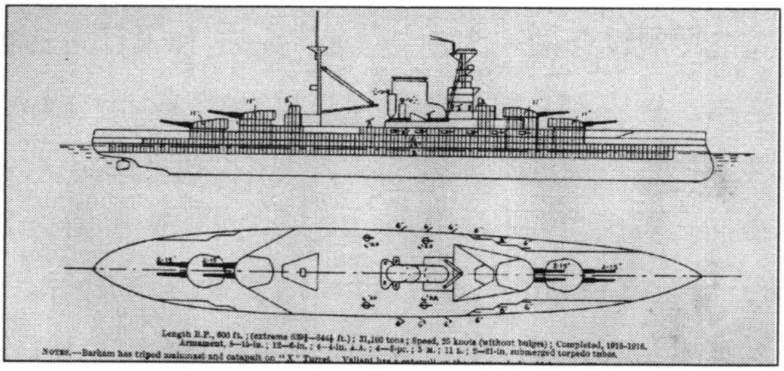

图 2－15 英国伊丽莎白王后级战斗舰

图 2－16）。该舰的推进主机功率为 56 000 千瓦，航速为 25 节，

图 2－16 重炮弹和手装炮弹

以重燃油作为燃料。该级战舰以其姿态雄伟和战斗力强大成为近代战斗舰的范例。

第九节 巡洋舰和驱逐舰的发展

巡洋舰的任务是大范围的巡逻、保护贸易运输线和维护海外领地与宗主国的联系。19世纪后期，法国海军奥布（Aube）上将提出，破坏敌方商船队，使其贸易瘫痪，即可制胜，而不需要在海上对垒战斗。这一战争原则得到了青年军官们的拥护，他们自称是青年学校（Jeune Ecole）的参与者。破坏海上贸易线的最好武器是巡洋舰，且它的造价比战斗舰低得多，作战半径大，只需中等口径火炮。于是法国开始实施巡洋舰计划，建造装有190毫米口径火炮的装甲巡洋舰。

1898年，德国克虏伯（Krupp）钢厂制造出了淬火硬表面钢。英国就用这种钢作为巡洋舰的装甲。1906年英国造出新一代的巡洋舰爱丁堡公爵（Duke of Edinburgh）号，排水量为13000吨（见图2-17）。舰上装了6门9.2英寸（234毫米）口径的火炮，主机功率为17200千瓦，航速为23节。1911年前后，最大的装甲巡洋舰称为战斗巡洋舰，它的炮火与战斗舰相当，装甲较弱，但航速较高。它在执行巡逻侦察任务时，用其炮火清除了主力战斗舰队周围的敌舰。它还可借其高航速的优势从敌舰的攻击下逃脱。1916年服役的声望（Renown）号的排水量已达26500吨，装有6门15英寸（381毫米）口径的重炮，主机功率为94000千瓦，航速为32.5节。

轻巡洋舰排水量一般为4000吨左右，装有6英寸（152毫米）口径的火炮，并备有水上鱼雷发射管。

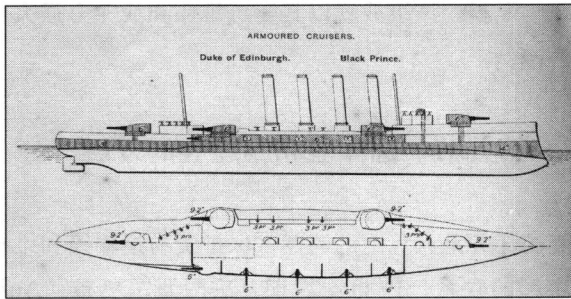

图 2-17　爱丁堡公爵号巡洋舰

至于驱逐舰的发展，排水量从 350 吨增大到 1 000 吨，武器除了 12 磅（5.4 公斤）的速射炮外，还装设了 4 英寸（102 毫米）口径的火炮。驱逐舰对付大型水面舰艇的主要武器是上甲板上的三联装鱼雷发射管。

第十节　潜水艇和飞机用于海上战争

潜水艇可以随时潜入水下，在海面消失，又重新浮出水面，在军事上有明显价值。因此，自古以来就有不少人孜孜不倦地进行研究。例如 1624 年荷兰人科尔内留斯·范德雷贝尔（Cornelius Van Drebbel）创造了一种牛皮密封的潜水船，正好在水面以下，不易被发现。船内伸出几支桨，可以划动。但划手需要空气保证呼吸顺畅，这没能得到很好的解决。又如 1775 年美国独立战争爆发时，耶鲁大学毕业生戴维·布什内尔（David Bushnell）想发明一种武器来打击英国海上势力并扼制其对美洲殖民者的压迫。他制作了一个铁质的、称为海龟（Turtle）的椭圆形潜水器，即用灌入与泵出压载水和水平螺旋推进器下潜和上浮。前进、后退则用另一手动的螺旋推进器控制。这是由 1 人操纵的潜水器（见图 2 - 18）。布什内尔于 1776 年用该潜水器对英国战舰 Eagle 号施放定时水雷。由于英舰的外壳木板有铜皮钉包，水雷不能固定而失败。后来，另一美国人罗伯特·富尔顿（Robert Fulton）[即获得商业成功的克莱蒙特（Clermont）号的制造人]利用布什内尔的技术革新成果，建造了一艘更先进的潜水艇鹦鹉螺（Nautilus）号。富尔顿在英国和法国，用这艘潜艇攻击旧的战舰都获得了成功。1810 年，他获得美国国会 5 000 美元的资助，建造了一艘名为沉默（Mute）的蒸汽机驱动的潜水艇，艇长 24.3 米，宽 6.4 米，吃水 4.3 米。富尔顿于 1815 年该艇试航时去世。人们常称布什内尔和富尔顿为"潜水艇之父"。

图 2 - 18　布什内尔的 Turtle 潜水器

19 世纪后半叶，法国、西班牙、德国和美国等国均继续研究潜水艇。潜水艇技术不仅需要很强的金属船体，还需要解决在水面上推进用的内燃机和水下推进用的电动机装置，下潜、上升时由压缩空气操作的压载水舱系统和升降舵等问题。世纪之交，由美国"现代潜艇之父"约翰·菲利普·霍兰（John Philip Holland）于1898年制造的潜水艇霍兰（Holland）号是第一艘真正实用的潜水艇（见图2-19）。美国海军立即订购了6艘。英国、日本和俄罗斯也相继订购。

图2-19　第一艘潜水艇 Holland 号

　　直到20世纪初，潜水艇还是用汽油机作为推进动力机械。由于艇小，作战半径小，汽油机又容易发生火灾，因此潜水艇只能用作海岸防卫。随着柴油机的进步，改变了潜水艇在军事上的地位。柴油机拥有运作可靠，省燃料的特点。潜水艇只要把艇体略微加大，就可装载较多的燃料，使它能进行长距离作战行动。

　　这时又出现了另一种海军武器，这就是飞机。1905年，美国航空机先驱者莱特兄弟（Orville Wright 和 Wilbur Wright）制造和起飞了第一架实用的飞机。各国海军也想把这种新的运载工具用于海上的军事行动中。1911年，美国人欧根·伊利（Eugen Ely）表演了飞机从一艘巡洋舰船首的平台上起飞（见图2-20）。英国萨姆森（Samson）上尉在战斗舰非洲（Africa）号首部的一个平台上进行了类似的试验。这些试验导致了水上飞机的发展，并建造了水上飞机母舰。这些舰船是由旧的军舰和商船改装而成的。在船首部装飞行甲板，飞机装在有滚轮的车上，从船首起飞，在海上降落，再吊上母舰。这就是航空母舰的前身。

图 2-20 伊利的飞机从巡洋舰的平台上起飞

第十一节 中日海战和日俄海战的教训

1894 年 9 月 17 日，中国和日本海军主力舰队在中国和朝鲜交界的鸭绿江口黄海海面交战。结果中国北洋水师被击沉、击毁战舰 5 艘，日本联合舰队只有 5 艘战舰被击伤，无一舰沉没。中国虽有定远号和镇远号两艘重 7 335 吨，航速为 14.5 节的铁甲舰，但装甲巡洋舰却比日本弱得多。

特别是日本重 4 225 吨的吉野号是 1893 年的新船，航速为 23 节，重 4 278 吨的松岛级海防重炮舰的航速也有 16 节。一个过时的舰队很难和一个较新的且机动性强的舰队对抗。何况当时中国海军人员的素质和训练与日本相比也有差距。中国舰队的主力舰均购自英国和德国。日本的主力舰虽也购自英国和法国，但

重 4 278 吨的桥立号重炮舰和重 3 150 吨、航速为 19 节的秋津舰
等都是日本自己建造的。当时，中国制造的最大的军舰是重
2 200 吨的平远号，航速为 14 节（见图 2 - 21）。因此，日本的造
舰能力也较强。

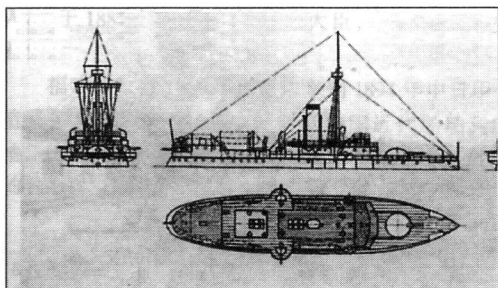

图 2-21　中国的平远号

1905 年 5 月，日本和俄罗斯两国舰队在对马（Tsushima）
海峡发生海战。俄罗斯舰队从波罗的海远渡重洋，长途跋涉，才
到达远东战场（见图 2 - 22 和图 2 - 23）。日本舰队则以逸待劳，

图 2-22　俄罗斯的将领和舰队

待机出击。这次海战有两项战术上的意义，一是航速较高的日本舰队能够从直角方向冲向俄舰队的队列，充分利用舰队左右舷较强的火力对敌射击，再次说明了航速较高的舰队具有主动性，可以控制战局；二是火炮射程远，俄战斗舰在 18 280 米距离就开火了，在战斗中日本旗舰三笠（Mikasa）号是在 12 800 米距离中弹的。这次海战表明，只有主炮（当时是 254 毫米和 305 毫米口径的重炮）是起主要作用的。这也符合当时重炮战斗舰的设计原则。

图 2-23　俄罗斯舰队从波罗的海到远东的长途跋涉

第三章
近代大型客邮船和商船的发展

第一节　大东方号的建造

大西方号和大不列颠号的设计者布鲁内尔认为，钢铁必然会取代木材成为造船的主要材料。由于欧洲的贫困大众移民到美国、加拿大、澳大利亚和新西兰的人数逐年增长，他们在殖民地生产的产品也要运回欧洲进行贸易，因此航运业需要更大型的船舶。

在布鲁内尔所设想的船上，有4 000名旅客的食宿设施，有能容6 000吨货物的货舱和足够航行到澳大利亚和印度所需燃料的煤舱。1855年，东方汽船航运公司（Eastern Steamship Navigation Company）在布鲁内尔的推动下，决定建造这艘后来被命名为大东方（Great Eastern）号的特大客货船（见图3-1）。该船长211米，宽25米，吃水8.9米，登记吨位为18 914吨，排水量为28 115吨。该船的吨位是当时最大商船的5倍。船体线型的设计则按照著名学者约翰·斯科特·拉塞尔和威廉·弗劳德确定的原则进行。

大东方号在建造过程中遇到了许多难以预料的困难。1857年10月该船下水未获成功。随后又试了3次，最后于1858年1月底才成功下水，但增加了12万英镑的费用。这在当时是一个很大的数目，导致航运公司和造船厂的破产。在不得已的情况下，该船以16万英镑的价钱贱卖给了另一公司。1859年9月，

图 3-1 大东方号

该船出港试航时，布鲁内尔因屡受重大挫折，心力交瘁而逝世。大东方号确实是一艘很不幸的船。试航时，机舱内发生爆炸，损伤严重。修复后，于 1860 年 7 月 17 日驶离英国南方港口南安普敦（Southampton）时船上载有旅客 36 人，28 日抵达纽约。回航时载有旅客 212 人和大量货物，用 9 天 11 小时完成了航程，回到英国。此后几年，由于营运入不敷出，因此该船于 1863 年停航。1865 年为电报建设与维修公司所租用，从事敷设横越大西洋和阿拉伯海等海域海底电缆的任务，直到 1886 年。后来，该船又改作为一个游乐场所，但也因亏损而停业，最终于 1890 年被拆卸。这艘巨轮生不逢时，在技术和市场条件还不成熟的情况下遇到了种种难以克服的困难，而遭遇失败。但它在船舶史上却是一个里程碑，不仅因为在当时它是一艘空前的大船，而且在设计上也有许多的创新。例如，双壳体的船体结构；船体型线，即船体的形状是按照水动力学理论设计的；而且它是第一艘装上操舵机的船。

第二节　泰坦尼克号的惨剧

海上事故不少，例如，前面提到的 1856 年美国柯林斯班轮公司的客邮船 Pacific 号从英国利物浦开往美国纽约，出海后就神秘地失踪了。人们对海上安全一直是很关心的。政府和有关单位也制定了一些规定并颁布法令，如船的装载不得超过某一界限的吃水线，商船的构造和设备必须符合法令规定才能得到营运证书等。但这些法令还是不很完善，例如 20 世纪初英国商船航运法令规定，万吨级以上的船舶至少要配备 16 只救生艇和吊艇架。按当时最大的救生艇可载 65 人计算，总共可载 1 040 人。如若船上人数超过这个数目，则救生艇的数量就不够了。

1907 年，英国白星航运（White Star Lines）公司决定建造 2 艘最大的客邮船。这就是泰坦尼克（Titanic）号和其姐妹船奥林匹克（Olimpic）号，船长 259.8 米，宽 28.2 米，深 18.1 米，吃水 10.5 米，总吨位为 46 328 吨（见图 3-2）。两船以豪华与舒

图 3-2　泰坦尼克号

适著称，共有 7 层甲板，其中上甲板以上有 3 层。船尾水下两侧的螺旋桨由当时最新的三膨胀式蒸汽机驱动。原定航速为 21 节，后来建造时又在船中线处加装了一台汽轮机，驱动另外一个螺旋桨，使航速又有所提高。

　　1912 年 4 月 10 日，泰坦尼克号开始处女航。从爱尔兰的昆斯敦（Queenstown）[即今爱尔兰南部的科夫（Cobh）港] 去纽约。船东希望该船能创造横越大西洋的航速记录，令船长选取靠近北方的英国到美国距离最短的航线行驶。船上有旅客 1 318 人，船员 885 人。船在航行的第 4 天的半夜前，在纽芬兰外海的大浅滩（Grand Banks）附近触撞了冰山，船右舷水下 9 米的船体被拉开一个长 90 米的大孔洞，2 个半小时后泰坦尼克号沉没。船上 916 名旅客和 673 名船员葬身于冰海之中。该船救生艇数量不足是导致众多人员死亡的原因之一。这次事故更加引起人们对海上安全的重视，随即在英国伦敦举行了国际海上人命安全会议，制定了国际海上人命安全公约（International Convention for the Safety of Life at Sea，SOLAS），以后各航运国家都签署了这个公约。

第三节　蓝带记录的争夺和大西洋豪华客邮船的发展

　　蓝带一般指行业最高荣誉，这名称可能来自英国爵士的最高勋位嘉德（Garter）勋带。大西洋航速记录始于 1879 年 7 月，归涌（Guion）公司的亚利桑那号（Arizona）号获得横越大西洋蓝带。Arizona 号是一艘重 5 164 吨的铁壳单螺旋桨汽船，长 137 米，宽 13.8 米，深 10.9 米，装有双膨胀复式蒸汽机。该船试航时，主机发出 4 742 千瓦的指示功率，航速为 17.3 节。它从纽约到爱尔兰昆斯敦（Queenstown），横越大西洋的时间是 7 天 8 小时 11 分，平均航速为 15.96 节。该船于 1879—1881 年间握有大西洋蓝带荣誉。1879 年 11 月，它在北大西洋高速航行时与冰山相撞，船首部凹入 7.93 米长，4.27 米深，但它的防撞舱壁无损，使它不致沉没。1898 年，它在改装时更换了新式锅炉，装上三膨胀式蒸汽机，航速提高了很多，也相对地节省了燃料。随后，不少优秀的客邮船打破了横越大西洋的航速记录。现择较重要的一些，简述如下。

1888 年 5 月，英曼（Inman）国际汽船公司的重 10 500 吨的巴黎城（City of Paris）号以 6 天零 29 分钟的时间横越大西洋，从纽约港出海口桑迪胡克（Sandy Hook）到欧洲第一个港口 Queenstown，航程为 2 894 海里，平均航速为 20 节（见图 3-3）。后来该船又以 5 天 14 小时 27 分钟完成从欧洲到美洲 2 782 海里的航程，平均航速为 20.7 节。该船长 160.9 米，宽 19.3 米，深 12.8 米，可载旅客 2 000 人。

图 3-3　City of Paris 号

1897 年，德国北德意志劳埃德（Norddeutscher Lloyd）公司的客邮船威廉大帝（Kaiser Wilhelm der Grosse）号下水。该船长 191 米，宽 20.1 米，深 11.9 米，吃水为 8.53 米，总重为

14 349 吨（见图 3 - 4）。该船是什切青（Szczecin）的伏尔康（Vulkan）船厂建造的，装有四膨胀式蒸汽机 2 台，低压汽缸的缸径达 2.45 米，冲程为 1.75 米，两机共可发出功率 20 000 千瓦，横渡大西洋的平均航速为 22 节。这是当时最大最快的船了。

图 3 - 4　威廉大帝号

1899 年，北爱尔兰著名的哈兰 & 沃尔夫（Harland & Wolff）造船厂为当时兴起的英国白星航运公司造了双螺旋桨客邮船海洋（Oceanic）号，该船总重为 17 040 吨，长 209.1 米，宽 20.9 米，深 14.9 米。这是一艘接近 40 年前大东方号尺度的汽船。Oceanic 号有 13 道水密横舱壁，7 层甲板，有良好的旅客设施，可容头等舱旅客 410 人，二等舱旅客 300 人，三等舱旅客 1 000 人，船员 390 人。船上采用 4 缸三膨胀式蒸汽机 2 台，总功率为 20 900 千瓦，推进轴采用空心轴，试航时航速超过 20 节。白星航运公司不追求速度，而要求最舒适的海上生活环境，因此该船以"舒适的船"著称。

20 世纪初，不仅蒸汽机已很完善，而且汽轮机也已付诸实用了，钢代替了铁，这些都为巨型客邮船的发展提供了条件。

1904 年，英国丘纳德汽船公司订造了两艘客邮船毛里塔尼亚
（Mauretania）号（见图 3 - 5）和路西塔尼亚（Lusitania）号。船
长 240.8 米，宽 26.8 米，吃水 11 米，总重为 38 000 吨，主机功
率为 52 000 千瓦，驱动 4 个螺旋桨。Mauretania 号于 1906 年下
水，1907 年 9 月 7 日进行处女航，横越大西洋，途中虽遇雾，但
平均航速仍达到了 23 节。1924 年，它曾以 5 天 1 小时 49 分的时
间越过大西洋，平均航速达 26.25 节。该船有 7 层甲板，可容头
等舱旅客 560 人，二等舱旅客 475 人，三等舱旅客 1 300 人，且
均有舒适的住舱。头等舱和厅堂十分华丽。船上有船员（包括驾
驶、轮机、餐饮、服务和管理等）共 812 人。船内有 15 道水密
横舱壁，共有 135 个水密舱室，安全性较高。该船深受旅客喜
爱，航期达 30 年之久，是大西洋航线上最成功的船。

图 3 - 5　Mauretania 号

　　海上旅行的要求是舒适、豪华、方便、安全和快速。这时的
客邮船甲板以上至少要有 2 层旅客甲板。接待大厅和头等舱均开

有较大的窗户，下部客舱的舷窗上也配有兜风斗，以便船开动时能吸入更多的新鲜空气。客厅、舞厅和餐饮设施，厨师的烹饪手艺和男女服务员的优质服务，均与陆上大宾馆无异。船上还有管弦乐队和艺术家们为旅客在进行文娱活动时演奏表演。岸上也要有高效率的后勤组织，训练有素的码头人员和海关、税务以及卫生检验等机构，以保证船在港口能快速周转。

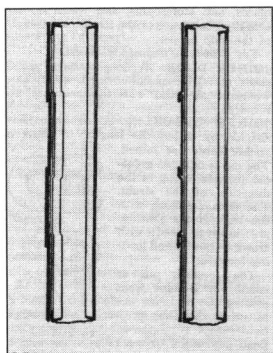

图3-6　钢板搭接

前面提到了1912年与冰山相撞沉没的泰坦尼克号的姐妹客邮船Olympic号。该船的船体用软钢（mild steel）建造，双层底高1.6米，船壳钢板用搭接法相连接，用以支持外壳的肋骨也加工成钢板搭接处形状（joggled）而不再用垫片（见图3-6）。船体外壳采用当时最大的1.8米宽、11米长的钢板制造，以减少接头。全船有13道水密横舱壁，水密门均由电力驱动，可在驾驶室控制启闭。这些都是工艺上的改进和安全措施。船体内有上、中、下三层前后贯通的连续甲板，上甲板以上还有厅室甲板、遮蔽甲板、桥楼甲板和游步甲板等共8层甲板。船内可容头等舱旅客735人，二等舱旅客675人，三等舱旅客1030人，船员860人，共3300人。船上装有3套推进装置：两侧的螺旋桨，各由一台巨大的11200千瓦功率的三膨胀式蒸汽机驱动。中间一个螺旋桨则由一台12000千瓦功率的废气（蒸汽机做功后排出的蒸汽）透平（汽轮机）驱动。1911年5月，该船试航的航速达到了21.75节，处女航时也达到了这个速度。它在大西洋航线上服役了24年。

第一次世界大战前夕，德国汉堡-美洲航运（Hamburg-Amerika Line）公司建造了 3 艘巨轮，分别为帝王（Imperator）号、祖国（Vaterland）号和俾斯麦（Bismark）号，分别在当时德国最著名的伏尔甘（Vulcan）和布洛姆 & 福斯（Blohm & Voss）船厂建造。Imperator 号长 269.1 米，宽 29.97 米，深 17.4 米，总吨位为 52 117 吨（见图 3-7）。该船的动力装置是 4 台汽轮机，总功率为 56 900 千瓦，有 48 台 Yarrow-Normand 水管锅炉，生产的蒸汽压力为 16 千克/平方厘米，驱动 4 个螺旋桨，航速为 23.5 节。

图 3-7　Imperator 号

Vaterland 号和 Bismark 号还要大些，总吨位分别为 59 956 吨和 56 620 吨，航速分别为 24 节和 24.5 节。德国战败后，Imperator 号为英国丘纳德汽船公司所有，更名为贝伦加丽娅（Berengaria）号；Vaterland 号为美国公司所有，更名为利维坦（Leviathan）号；而 Bismark 号为英国白星航运公司所有，更名为庄严（Majestic）号。这几艘客邮船是当时世界上最大的船舶，船上旅客容量如下：船中部的头等舱可容旅客 1 000 人，船尾部的二等舱可容旅客 540 人，船首部巨大而简朴的三等舱可容旅客

1 542 人。

德国战败后，它丧失了所有的巨型客邮船。后随着德国经济的恢复，北德意志劳埃德公司制订了复兴计划，再次参与大西洋客运航线的竞争。1926 年，它向不来梅（Bremen）Deschimag 公司的威悉河（Weser）船厂和汉堡的布洛姆 & 福斯（Blohm & Voss）船厂订造了不来梅（Bremen）号和欧罗巴（Europa）号两艘新型大客船。Bremen 号由著名造船师赫尔曼·海因（Hermann Hein）设计，船内装有 14 道水密横舱壁，任何 2 舱破损进水都不会沉没，尾部 3 舱或首部 4 舱破损也不会翻沉，同时推进系统也不会失效（见图 3－8）。船上装有大型机动救生艇，每只可载 145 人。旅客舱室实际上分成 4 个等级，共 2 200 人，加上船员 1 050 人，船上共有 3 250 人。船的尺度如下：长 271.33 米，宽 31.12 米，深 14.63 米，吃水 9.68 米，总吨位为 51 656 吨。该船的动力装置由著名工程师古斯塔夫·鲍尔（Gustav Bauer）博士设计，包括 4 台总功率为 78 330 千瓦的汽轮机。锅炉和汽轮机分为 2 组，分隔设置，以便一组失效时，不影响另一组运行。发电机则由柴油机驱动。这两艘船有相当好的抗损伤能力，在战时可作为运兵船使用。

图 3－8　Bremen 号

Bremen 号于 1929 年 7 月 16 日做处女航，从欧洲大陆最西端的法国瑟堡（Cherbourg）到纽约港入口处的安布罗斯

（Ambrose）灯塔，用了 4 天 17 小时 42 分钟完成了 3 164 海里的航程，平均航速为 27.33 节，为德国夺回了大西洋蓝带。1930 年，Bremen 号的姐妹船、总吨位为 49 746 吨的 Europa 号以 4 天 17 小时 6 分钟完成了同一航程，平均航速为 27.9 节，又打破了这一航行纪录。

1932 年，法国大西洋邮船公司（Compagnie General Transatlantique）为从法国勒阿弗尔（Le Havre）和英国南安普敦到美国纽约的航线推出更大型的客船诺曼底（Normandie）号（见图 3－9）。该船长 293.29 米，宽 35.9 米，吃水 11.2 米，总吨位为 86 496 吨。该船的推进动力装置有 Zoelly 式冲力汽轮机 4 台，功率共 119 000 千瓦，驱动 4 个螺旋桨，试航时最大航速达 32.1 节。1937 年改装新螺旋桨后，以 3 天 22 小时 7 分钟的时间完成了横越大西洋的航程，平均航速为 31.2 节，为法国夺得了大西洋蓝带。Normandie 号有 11 层甲板，设备华丽，可容 3 个等级的旅客 2 170 人，船上有船员 1 320 人。

图 3－9 Normandie 号

这时期，英国苏格兰克莱德班克（Clydebank）地方的约翰·布朗（John Brown）船厂为丘纳德白星（Cunard White Star）公司建造的玛丽皇后（Queen Mary）号于 1934 年 9 月下水。该船的尺度与 Normandie 号相仿，船长 297.25 米，宽 36.2

米，深 12.1 米，总吨位为 81 237 吨。船上装有 4 台总功率为 119 000 千瓦的 Parsons 冲力汽轮机，驱动 4 只由伦敦 J. 斯通（J. Stone）公司设计制造的 6 米直径的螺旋桨。汽轮机所需的 28.1 千克/平方厘米，371 摄氏度的蒸汽则由 24 台 Yarrow 水管锅炉提供。1938 年，Queen Mary 号以 3 天 20 小时 42 分钟完成了横越大西洋的航程，平均航速为 31.69 节，为英国夺回了蓝带荣誉。

Queen Mary 号的姐妹船伊丽莎白皇后（Queen Elizabeth）号只有 2 只烟囱（见图 3-10），而当时巨型客船都有 3～4 只烟囱。该船的汽轮机的蒸汽参数又有了提高为 31.6 千克/平方厘米，399 摄氏度。锅炉加大，而数量减少到 12 台，采用电动扇风机，闭炉房压力鼓风，使推进主机的总功率达到 136 000 千瓦。1939 年第二次世界大战爆发时，该船还没有完工。1940 年 3 月完工后，为了避免遭受空袭，该船被秘密开往美国纽约与 Queen Mary 号会合。后来这两艘巨型客船都用作运兵船，直到 1946 年 3 月，它们的总航程达 50 万海里。这两艘船在夏季一次可运 15 000 人，在冬季则一次可运 12 000～13 000 人，特别是 1944 年盟军在欧洲诺曼底（Normandie）登陆时集结美国和加拿大陆军于英国的任务，相当一部分是由这两艘船完成的。它们的航速很高，潜艇很难找到攻击的机会，因此它们不用护航。

图 3-10　Queen Elizabeth 号

第四节　柴油机的发明

尼古劳斯·奥古斯特·奥托（Nikolaus August Otto）于 1861 年造出煤气发动机。戈特利布·戴姆勒（Gottlieb Daimler）于 1884 年发明了汽油机。鲁道夫·狄塞耳（Rudolph Diesel）于 1895 年申请得到了柴油机的专利（见图 3－11）。他们都是德国著名的工程师和发明家。内燃机构造较简单，不需要锅炉，起动较易。柴油虽较难点燃，但爆炸的危险较小。柴油机点火的方法如下：汽缸中先吸进空气，把它压缩到约 35 千克/平方厘米的压

图 3－11　狄塞耳的柴油机

力，这时空气的温度已达到点燃柴油的温度了。用更大的压力把柴油喷入汽缸，柴油立即燃烧，气体膨胀产生的压力就能推动活塞做功。柴油机最大的优点是燃料消耗要比汽轮机小得多，因此船上燃油舱就可以减小，而多装货物。同时，燃油可装在船的双层底等不能装货的地方，货舱容积也就增大了。由于推进主机不需要锅炉，船员人数也可以减少。柴油机可以在几分钟内发动，并且可以很快地把功率提高到最大。

第一批柴油机船是俄罗斯在里海营运的两艘小油轮德洛（Delo）号和伊曼纽尔·诺贝尔（Emanuel Nobel）号。1912 年丹麦东亚公司（East Asiatic Company）建造的塞兰迪亚（Selandia）

号（见图 3 - 12）是最早的大型远洋柴油机货船，载货量为 7 410
吨，推进主机是 Burmeister & Wain 4 冲程 6 缸柴油机，功率为
930 千瓦，航速为 11 节。船上燃油舱可储放供 30 000 海里航行
所需的柴油。

图 3 - 12　Selandia 号柴油机货船

　　柴油机的发明不仅促进了潜水艇和小型军用舰艇的发展，而
且它是最经济、最方便的一种船用推进装置，自此以后柴油机商
船日渐增多，从 20 世纪下半叶开始，它在船用发动机中已居统
治地位。

第五节　一些著名的客货船

　　除了上述从欧洲到美国横渡大西洋航线的豪华型客邮船外，
那时为了大量移民的需要，还有一些经济实惠的客货船（见
图 3 - 13）。例如，奥地利—美洲航线上总吨位为 4 900 吨的日耳
曼尼亚（Germania）号，可载 1 000 人和 8 000 吨货物。又如运

送意大利移民的安科纳（Ancona）号，总吨位为 8 000 吨，可载移民 2 500 人和 8 200 吨货物。至于德国 Hamburg-Amerika Line 公司的 17 000 吨级的克利夫兰（Cleveland）号，则精致一些，可载头等舱旅客 250 人，二等舱旅客 392 人，三等舱旅客 494 人，统舱旅客 2 064 人；船上还备有冷藏货舱，载运冷冻食品。

图 3 - 13　一艘远洋客货船

从欧洲到南非、到印度和远东，以及横越太平洋等航线上都有一些著名的客货船。1926 年英国联合城堡邮船公司（Union-Castle Mail Steamship Co. Ltd.）为南非航线而建造的柴油机客货船卡那封城堡（Carnarvon Castle）号投入营运。该船长 191.8 米，宽 22.3 米，深 13.9 米，总吨位为 20 122 吨，装有 Burmeister & Wain 4 冲程 8 缸柴油机 2 台，总功率为 16 400 千瓦，航速为 18.5 节。1938 年该船改装后，船长增加了 16.5 米，更换了缸径和冲程较小但更经济的 10 缸柴油机，功率为 18 650 千瓦，服务航速可达 19 节。该船所有的辅机和许多设备都是电力驱动的，因而装有 4 台 400 千瓦的发电机。该船还有 1 台废气锅炉，利用主机排出的废气生产蒸汽供船上取暖之用。船上可容纳旅客 661 人，其中头等舱 276 人，二等舱 197 人，经济舱 118 人。由于该船旅客舱室的装饰具有荷兰风格，而南非白人中，荷兰人后裔较多，因此他们很喜爱该船。

1929 年 3 月，英国半岛与东方汽船航运公司的汽轮机电力推进客船印度总督（Viceroy of India）号问世。船的主推进装置是 2 台汽轮机，以 2 690 转/分的高转速驱动 2 台 9 000 千瓦的三相交流发电机，发出的电力供应 2 台低转速同步电动机以驱动螺旋桨，航速为 19 节。该船备有 415 间单人住舱，但有拉门使 2 个客舱合成一个套间。另外还有容纳 258 人的二等客舱。该船用于印度航线，也作为季节旅游航线使用。

英国加拿大太平洋轮船公司（Canadian Pacific Steamship Ltd.）从 1891 年起就以著名的皇后（Empress）级客货船经营从加拿大到远东的太平洋航线。1930 年，日本皇后（Empress of Japan）号投入航运（见图 3 - 14）。该船总长 203 米，宽 25.5 米，总吨位为 25 800 吨，船上备有头等舱位 399 个，二等舱位 164 个，

图 3 - 14　Empress of Japan 号

三等舱位 100 个，特别是为适应贫穷节俭的亚洲人的需要，在船的前部辟有容纳 510 人的统铺与餐厅，使他们有一个独立的活动区域。全船有船员 579 人。该船是双桨船，动力装置是汽轮机齿轮减速传动。它曾以 7 天 20 小时 16 分钟的时间完成了从日本横滨到加拿大维多利亚港的横渡太平洋航程，平均航速为 22.27 节。

第六节　货船的发展

　　1850 年蒸汽机货船的形式仍是帆船时代的平甲板船，只是在船中部两舷桨轮间安装了一个桥楼，作为船长和值班船员驾驶船舶的处所。船的推进器改用螺旋桨后，这个桥楼仍保留。有的船的操舵轮和操舵手们仍在船尾露天的上甲板上。在风暴天气里，这个操舵位置并不安全，于是就加盖了一个尾楼，使操舵轮和操舵手们工作在较安全且有遮蔽的处所，同时也作为船员们的住处。与此同时，船首部也加装了首楼，既可提高船在大风浪中的适航性，又可作为船员的住处。这样，就成为"三岛式"（three-island）货船了（见图 3 - 15）。后来，为了增大船后部的货舱容积和船员住房面积，把船的尾楼和中部的桥楼连接起来，上甲板只有一个似是天井的露天甲板部分了。这样的船称为"井甲板"（well-deck）船。再后来，把这个天井也填掉，即上甲板以上多加了一层甲板。这层甲板的空间并不是封闭的，因此可以不计入船的丈量吨位（也就可少缴纳港口和运河等费用），但这里是载运牲畜和蔬菜等的良好空间。后来，这部分货舱建造得严实一些，但仍有所谓的"吨位开口"（tonnage opening），使这部分空间成为"非封闭的",而不计入船的丈量吨位。实际上,这里可以装载几乎任何种类的货物。这种船就是 20 世纪上半叶风行的"遮蔽甲板"(shelter-deck)船(见图 3 - 16)。

图 3 - 15 "三岛式"货船

图 3 - 16 "遮蔽甲板"船

19 世纪 50、60 年代,总吨位为 2 000 吨的货船还是少见的大船。例如,1865 年建造的在地中海和大西洋海域营运的铁质螺旋桨货船梅德韦(Medway)号,船长 85.4 米,宽 10.8 米,深 8.7 米,吃水 6.6 米,总吨位为 1 823 吨,排水量为 3 750 吨,载重量为 2 314 吨。以后，货船的吨位逐渐增大。

20 世纪初，德国 Hamburg-Amerika Line 公司的货船比利时（Belgia）号，船长 129.6 米，宽 17.5 米，深 10 米，总吨位为 7 509 吨，载重量为 10 600 吨。船内有 6 个货舱，9 个舱口。船上装了 24 根装卸货吊杆，16 台蒸汽起货绞车。船的主机是三膨胀式蒸汽机，功率为 3 130 千瓦，驱动一个 4 叶螺旋桨，服务航速为 12 节。该船设有双层底，加上深舱（可装货物和压载水的结构较强的小舱）和尾尖舱，可容压载水 2 400 吨，这样就能保证船在空载状态下，在有一定风浪的海面上的适航性。由于货物装卸效率较低，大型通用货船的吨位长期维持在这个"万吨级"的大小。

我国江南造船所于 1922 年制造的 4 艘官府（Mandarin）级货船也是这个吨级（见图 3 - 17）。通用货船一般有 2 层以上的甲板，以便堆放多种货物，甲板间放置工业制品和土杂货，底货舱则有利于载运大宗货物。

图 3 - 17　官府级货船

这时期，专用货船开始向如下四个方向发展：

一、 运煤船

煤炭是最早大量运输的货种。从 19 世纪下半叶开始就出现了专门的运煤船。这种船只有一层上甲板，而且巨大的舱口围壁下端做成了倾斜的，便于倾下的煤炭自动把货舱装满。这就是"自整舱舱口"（self-trimming hatchway）（见图 3 - 18）。1874年，英国工程师约翰·普赖斯（John Price）申请了这种设计的专利。

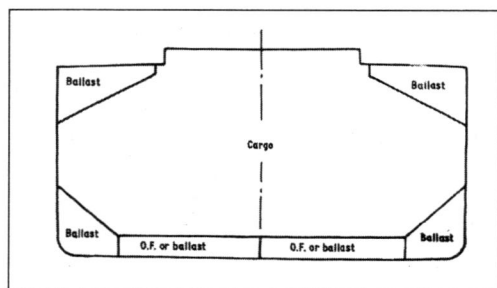

图 3 - 18 "自整舱舱口"

甲板上的舱口很大，以便快速装卸货物。舱口和船外壳间形成的三角形剖面空间连同双层底和首尾尖舱都可用来装载压载水。这种船的压载水舱容量是比较大的，也适应了这种船往往只能单程满载、空载出航机会较多的情况。后来这种船的双层底的内底板两侧抬高，以便煤炭自行滑到舱口下面的区域，利于卸货作业。这样，船下部形成的三角形剖面空间又可增大压载水舱的容量。运煤船也可用于载运木材、谷物和矿砂等。当时这种船主要经营沿海航线，载重量在 1 000 余吨到 2 000 余吨之间。

二、 冷藏船

　　1879 年，蒸汽机船斯特拉特莱文（Strathleven）号装设了 Bell-Coleman 冷冻装置，从澳大利亚运了一批羊肉到英国。这是冷藏船的开始（见图 3 - 19）。后来，中美洲出产的果品大量出口到欧洲。肉类的储藏温度应低于零下 1～2 摄氏度，香蕉的储藏温度是 11～14 摄氏度，其余果品在 0 摄氏度左右。因此运输这类易腐肉类和果品的船必须有绝缘性良好的货舱和相应功率的冷冻机，以保持货舱的冷藏温度。这些船的航行环境也较特殊，一般航程较长，而且大部分时间是在热带海域航行，因此冷藏船往往是万吨级的大船，有足够大的燃料舱，船内有多层甲板和众多的舱室，以便分储多种货物。

图 3 - 19　冷藏船

三、 油船

　　1885 年，美国出口石油的数量达到 2 亿加仑（1 加仑 = 3.785 升），基本上都是用桶装或罐装运输的。每吨石油的体积约 1.25 立方米，但用船运却需 2.25 立方米的货舱容积，这是因为桶、罐和中间的空隙也占用了许多货舱容积。于是人们就想造一种可散装运输石油的船。1886 年，英国造出了第一艘这种船格鲁克福（Gluckauf）号（见图 3-20）。该船没有双层底，机舱在船尾部与油舱完全隔离。船内在中线处有一道纵舱壁，船的前后有 7 道横舱壁，分隔成左右对称的 8 组货油舱。船上设有油泵，可方便地把石油装入和卸下。装卸一次油所需的时间从过去的几天缩短为几小时。因此船在港口的周转时间大大减少了。油船最要紧的是防火问题。船上除了禁止点火吸烟和仅许可用电灯照明等措施外，还要注意货舱的排气通风，把集聚在油舱内的易燃易爆气体及时排出船外。此外，要把油舱分割为较小的部分，以减小自由液面，保证船的稳性和减小在风暴气候下船体猛烈摇摆时船内所载石油的晃荡程度。后来的大型油船都装了 2 道纵舱壁。

图 3-20　最早的油船 Gluckauf 号

四、　大湖船

这是一种特殊的货船。美国北部和加拿大交界的五大湖地区是当时这个新兴国家的重要产业地带。大宗矿砂、煤炭和谷物的运量需要大型货船。为了通过宽度不大的通航船闸，船型狭长，船的长宽比达到了 10：1。为了改善向前看的视线，驾驶室设在船首楼，这对风浪不大的大湖区水域来说是可行的。大湖船的机舱设在船尾部，前面是一系列结构简单的大货舱，甲板上则有许多易于启闭的舱口。船上不装起卸货设备。装卸工作均由岸上设备完成。上甲板尾部的甲板室则是船员们的居住处所（见图 3 - 21）。

图 3 - 21　大湖船

第七节　沿海和内河船

轮船最早用于内河和沿海运输。内陆和沿海铁路运输发展以后，船舶运输仍以其价廉和运量大的优势而保持其应有的地位。特别是海峡两岸间的交通运输是陆运难以代替的。20 世纪初，英国中部铁路公司（Midland Railway Co.）就造了几艘较大的海峡渡船（见图 3 - 22），其中一艘伦敦德里（Londonderry）号航行于英国兰开斯特（Lancaster）的希舍姆（Heysham）和北爱尔兰的贝尔法斯特（Belfast）之间，航程为 115 海里。该船长100.6 米，宽 12.8 米，总吨位为 1 968 吨，有 3 层甲板，还有一层 66 米长的遮篷甲板。这些空间可容纳旅客 1 600 人，其中有容纳250人的住房。室内有蒸汽供暖设备。船上的汽轮机动力装置驱动3个螺旋桨的安排比较特殊：高压汽轮机驱动中间的螺旋桨，而两台低压汽轮机和倒车汽轮机则驱动左右两侧的螺旋桨。该船试航时的航速达22.3节，持续6小时航速达21.6节。

图3-22 海峡渡船

近代内河航运以美国密西西比河等大河和我国长江的船型较为特殊，现分别叙述如下。

美国密西西比（Mississippi）河和俄亥俄（Ohio）河等大河长期是北美洲内陆客货运的重要通道。19世纪时，这些河道上的客货船有了很大的发展。河道中浅滩很多，因此船的吃水很浅，仅为1.2米左右。但船很大，有5～6层甲板，船上设有很大的接待厅和餐厅，并有众多的旅客和船员住房。最大的船总吨位达到5000吨，两舷装有桨轮推进器。但也有桨轮装在船尾部的较小的船。这些船的烟囱很高，以便使排出的浓烟远离最上层甲板和驾驶室（见图3-23）。

1870年，在密西西比河上举行了一次客船航速竞赛。竞赛在纳奇兹（Natchez）和新奥尔良（New Orleans）之间约300公里长的一段河道上进行。当时在两艘最优秀的船纳奇兹

图 3-23　美国内河客货船

（Natchez）号和罗伯特·E. 李（Robert E. Lee）号之间展开竞赛。前一艘船是上一次比赛的优胜者，但这次竞赛，后一艘船以19 节的航速获胜。

中国长江是航运的"黄金水道"。1912 年，上海江南造船所为招商局轮船公司造的江华号投入航运（见图 3-24）。该船长101 米，宽14.3 米。船上有较好的旅客设备，可载客 200 余人，载货 2 000 吨。该船装有三膨胀式蒸汽机 2 台，总功率为 1 716千瓦，驱动 2 个螺旋桨，试航时最大航速达 16 节。这是当时上海—汉口航线上典型的客货船。

图 3-24　长江客货船江华号

　　长江上游滩多流急，航行困难。1919 年江南造船所建造了隆茂号客货船，船长 60.4 米，吃水 2.6 米，推进主机功率为 2070 千瓦，航速为 13 节，洪水季节可直达重庆。该所于 1922 年又建造了江南号客货船，船长 45.6 米，宽 8.1 米，吃水 1.53 米，推进主机功率为 1120 千瓦，航速为 14 节，可全年在上海—重庆间营运。这两艘航行于长江上游的客货船有下列特点：船体结构轻，采用高转速三膨胀式蒸汽机；航速快，可越过急流航段；船尾装有 3 支舵，操纵灵活，能适应当地航道和航运条件。

　　这期间，发展了不少很特殊但很实用的船，例如英国利物浦附近伯肯黑德（Birkenhead）著名的地方船厂坎梅尔·莱尔德（Cammel Laird）船厂为古巴哈瓦那湾造的瓜纳巴科亚（Guanabacoa）号是一艘双桨双头（船的首尾端都有驾驶室）渡船。这船不大，船长 42.7 米，宽 11.6 米，深 4 米，但在船两舷的厅房内可容纳旅客 1000 人，还可载运 40 辆马车和马匹。该船的适航性不错，能从英国自航到古巴。

第八节　游艇

图 3 - 25　游艇

　　许多生活在沿海和大河沿岸的人们热爱船舶，热爱水上生活。自古以来，许多贵族和富人都拥有私人游艇（见图 3 - 25），以便闲暇时驾帆出海，作一日之游，脱离尘世喧闹，逍遥自在。有的甚至作长途航行，有时还举行游艇竞赛活动。

英国怀特岛（Isle of Wight）的考斯（Cowes）皇家游艇俱乐部是一个著名的游艇爱好者团体。俱乐部的宗旨是促进驾驶（风帆）技术的发展。蒸汽机时代来临时，俱乐部反对会员在船上装设蒸汽机和推进器，并于 1827 年做出规定：违反者将失去会员资格。1829 年，有一个会员托马斯·阿什顿·史密斯（Thomas Assheton Smith）在他的游艇上装了锅炉、蒸汽机和桨轮，并自愿退会。随后有些会员也仿效他这样做。可见新生事物的成长是不可阻挡的。后来，随着螺旋桨、双膨胀复式蒸汽机、三膨胀式蒸汽机和水管锅炉的引入，更为蒸汽机游艇性能的提高创造了条件。美国富豪科尼利厄斯·范德比尔特（Cornelius Vanderbilt）于 1853 年造了一艘 1 876 吨的大型蒸汽机游艇，船上备有高级舒适的住舱和华丽的游乐设施。富翁们以大型游艇显示个人财富的风气逐渐形成，很快这种风气便传到了欧洲。至 19 世纪末，已有很多千吨级的大型游艇。例如，1894 年建造吉拉达（Giralda）号，船长 83.8 米，宽 10.7 米，深 2.7 米，总吨位为 1 250 吨。该船设有 3 桅，挂纵帆，但船上装有 2 台高速三膨胀式蒸汽机，航速为 20.5 节。该船于 1907 年后成为西班牙国王的游艇。

第四章
第一次和第二次世界大战时期的军用舰艇

第一节　第一次世界大战前夕各国的海军装备

当时，各国海军以装甲战斗舰为中心，并配备各种舰艇。美国海军委员会认为，一个完整的战斗舰队应包括：8 艘战斗舰、32 艘驱逐舰、16 艘潜水艇、1 艘运军火船、2 艘驱逐舰母舰、2 艘潜艇母舰、4 艘燃料供应船、1 艘医院船、1 艘修理舰、1 艘供应舰和 1 艘运输舰。此外，还需配备 16 架飞机。

战斗舰在原无畏舰的基础上继续发展。1910 年前，战斗舰的主炮是 305 毫米口径，副炮是 101 毫米口径，舰长 152.4 米，宽 25.9 米，排水量为 20 000 吨，主机功率为 18 650 千瓦，航速为 21.5 节。1913 年，法国的布列塔尼（Bretagne）级战斗舰就把主炮口径增大到 343 毫米（见图 4-1）。

图 4-1　法国的 Bretagne 级战斗舰

随后，英国的马尔康（Barkam）级战斗舰装有 8 门 381 毫米口径的火炮，炮都装在船的中线上，而且上下两炮塔重叠放置。副炮有 12 门 152 毫米口径的炮，两舷装甲 330 毫米。该舰长182.9 米，宽 27.6 米，吃水 8.8 米，排水量为 27500 吨。主机功率为 55950 千瓦，航速为 25 节。这是当时火力最强的战舰。381毫米口径火炮的威力要比 343 毫米口径的火炮强 30％～50％。

德国、法国、俄罗斯、意大利、美国、日本诸国都不惜投入重资，建造这种新式的战斗舰。英国拥有的战斗舰最多，达 34艘，德国次之，20 艘，法国 18 艘。在海外拥有众多殖民地的英国、法国都有庞大的巡洋舰队。万吨级的一级巡洋舰，即重巡洋舰，英国最多。德国则拥有较多的 5000 吨级以下的轻巡洋舰。那时，它们都强调要增强在海外的海军实力。巡洋舰上都装备了101 毫米口径的火炮，有少数特别是法国的巡洋舰还装了 152 毫米口径以上的较大的火炮。

英国、德国都造了几艘 30000 吨级的装有重炮的战斗巡洋舰，此舰的副炮也很强，但装甲却较弱，如德国的德弗林格尔（Derfflinger）号，舰长 213.4 米，宽 29.3 米，吃水 8.2 米，主机功率为 74600 千瓦，航速可达 27 节，但装甲仅有 178 毫米厚（见图 4-2）。

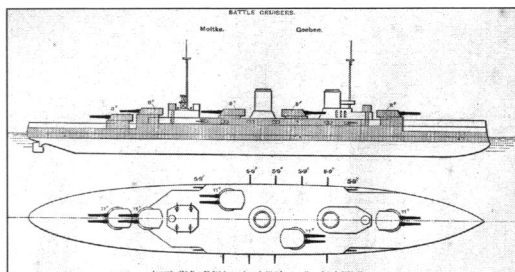

图 4-2　德国战斗巡洋舰

至于所谓的小舰队（flotilla），因为那时的驱逐舰还是较小的舰艇，舰长 64 米，宽 6.1 米，吃水 2.1 米，排水量为 350 吨，主机功率为 4 480 千瓦，航速为 30 节。后来英国建造了 860 吨级的远洋驱逐舰，舰长 80.8 米，宽 7.8 米，主机功率为 14 920 千瓦，航速为 32 节（见图 4-3）。这种舰艇当然可以对付当时 200 多吨、航速为 26 节的鱼雷艇。美国于 1913 年建造了更大的 Duncan 级驱逐舰，舰长 91.5 米，宽 9.3 米，吃水 2.8 米，排水量为 1 010 吨，主机功率为 11 940 千瓦，航速为 30 节。

图 4-3 英国远洋驱逐舰

德国于 20 世纪初开始建造潜水艇，著名的 U1 潜水艇于 1905 年 8 月 30 日自日耳曼尼亚（Germania）船厂下水。该艇长 39 米，宽 2.7 米，水面排水量为 180 吨，下潜排水量为 240 吨，水面航速为 12 节，下潜航速为 9 节。此后各国都造了不少潜水艇，当然也是愈造愈大。战争前夕，英国的 E 级潜水艇艇长 53.7 米，宽 6.9 米，下潜排水量为 800 吨，推进柴油机功率为 1 196 千瓦，水面航速为 15 节，下潜航速为 10 节，装有 3 只鱼雷发射管，艇员 28 人。法国于 1913 年建造了较大的和航速较高的古斯塔夫·泽德（Gustave Zede）级潜水艇，艇长 73 米，宽 6 米，水面排水量为 787 吨，下潜排水量为 1 000 吨，双桨推进，总功率为 2 980 千瓦，水面航速为 20 节，下潜航速为 10 节，艇员 40 人。

第二节 第一次世界大战的经验教训

战争前夕，欧洲海军强国，特别是英国和德国之间的军备竞赛十分激烈。双方都建成了庞大的海军，在这次战争中经受了考验。1916 年 5 月 31 日，英国、德国两国海军主力在丹麦的日德兰半岛（Jutland）以西 96 公里的北海海面进行了一次大规模的海战（见图 4 - 4 和图 4 - 5）。

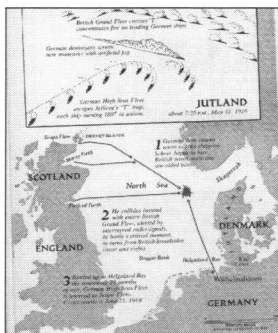

图 4 - 4 日德兰半岛海战地点

图 4 - 5 日德兰半岛海战情景

双方的军力如表 4 - 1 所示。

表 4 - 1 英国和德国双方军力

国家	数量/艘					
	战斗舰	战斗巡洋舰	重巡洋舰	轻巡洋舰	驱逐舰	有炮塔的火炮门数
英	28	9	8	26	77	344
德	22	5	0	11	62	244

从阵容上看，英国舰队要强得多，但激战结果是英方损失了3 艘战斗巡洋舰、3 艘轻巡洋舰和 8 艘驱逐舰，6 097 人阵亡，而德方损失了 1 艘战斗舰、1 艘战斗巡洋舰、4 艘轻巡洋舰和 5 艘驱逐舰，2 445 人阵亡。德方损失较少。夜色来临时，双方为了保存各自的实力都退出了战斗。这次海战突显了装甲较轻的战斗巡洋舰的弱点。战斗巡洋舰上都装有重炮，攻击能力可与战斗舰抗衡，但其装甲厚仅为 152～229 毫米，和战斗舰 305～349 毫米的厚甲相比，防御能力过弱，且它们的对手还装备有 305～381 毫米的重炮。

巡洋舰对商船的破坏作用可由德国一艘轻巡洋舰埃姆登（Emden）号于战争初期在印度洋上的活动表现出来。它仅是一艘 5 444 吨，装有 10 门 104 毫米口径火炮，航速为 25 节的战舰。它单独行动，多次成功地袭击英国商船。后来，英联邦澳大利亚海军全力围捕，于 1914 年 11 月 9 日它才被火力比它更强的几艘巡洋舰击毁。

这次战争，协约国（英国、法国、意大利、美国）的商船队共损失 5 531 艘船，总吨位达 12 850 814 吨。损失的船中大部分是被潜艇发射的鱼雷击沉或触水雷被炸毁沉没的。1914 年，英国新造的一艘 23 000 吨、装有 343 毫米口径火炮的埃贾克斯（Ajax）级战斗舰在爱尔兰北部海面上触雷沉没。该船为双层底结构，船内划分为许多水密的小舱室，但还是抗拒不了水雷的破坏力。与此同时，驱逐舰和鱼雷艇从水上发射的鱼雷也给大型舰船造成了很大的威胁。因此，鱼雷和水雷成为海军的重要武器。鱼雷艇和潜水艇在海军作战舰艇中的作用更加显著。对大型舰船来说，提高航速是避免鱼雷攻击的有效方法。另一种措施是在舰船的两舷水下部分加装臌出体，体内有几层防护空间，还有一层装甲。这样，大型舰船就不至于被 1～2 个鱼雷击沉了。此外，在战争期间也发展了小型护卫舰（corvette）等舰种，用于护航，以对付潜水艇的攻击（见图 4-6）。

图 4-6 护卫舰

飞机在第一次世界大战中还没有发挥其应有的作用，但已表现了它的巡航侦察能力，并曾有一艘船被飞机投下的鱼雷击沉，何况当敌方飞机来袭时，最有效的办法还是用飞机来对付。大家都认识到空军在未来海战中的作用和地位，于是各海军大国于战争后期都开始研制航空母舰。英国的阿格斯（Argus）号于 1918 年建成，长 172.9 米，排水量为 14 450 吨，航速为 20.2 节，可载 20 架飞机。舰上还装了 6 门 101 毫米口径的防空炮和多门较小的速射炮。这是一艘真正的航空母舰（见图 4-7）。

图 4-7 Argus 号航空母舰

第三节　战后的海军军备竞赛和华盛顿会议

当欧洲刚从战争的创伤中恢复过来的时候，太平洋上的美国和日本两国已制订了庞大的造舰计划。那时还是以重炮重装甲的战斗舰为重点。美国已开工建造科罗拉多（Colorado）级战斗舰2艘，总吨位为32 500吨，汽轮机电力推进，航速为21节，装有8门406毫米口径的重炮和20门127毫米口径的副炮，343毫米厚的装甲。美国计划再造6艘43 200吨级的战斗舰，各装有12门406毫米口径的火炮；6艘新的战斗巡洋舰，各装有8门406毫米口径的火炮。日本已完成32 720吨的陆奥（Mutsu）级战斗舰2艘，航速为23节，装有8门406毫米口径的火炮，20门140毫米口径的炮和127毫米口径的对空炮，还带有水上飞机2~3架。日本的造舰计划是再造39 900吨的战斗舰2艘，舰上装有10门406毫米口径的火炮；45 000吨级战斗巡洋舰2~3艘，舰上装8门406毫米口径的火炮。

面临这种情况，英国于1921年计划新造装有9门406毫米口径火炮的48 000吨级的战斗巡洋舰4艘和48 500吨级战斗舰4~5艘。这些战舰的计划航速是32节。建造这些巨型战舰不仅需要大量的资金和贵重的材料，而且这些主力舰还需大量的巡洋舰和驱逐舰配合，所需经费也不是这些国家所能承担的。

于是，美国政府下令暂停造舰计划，建议举行一次裁军会议，以达成一个国际条约来限制海军军备竞赛。1922年，在美国华盛顿举行了这个会议，达成了《五国海军条约》，其主要内容如下：

（1）英国和美国的战斗舰队限额均是525 000吨，日本是

315 000 吨，法国和意大利均是 175 000 吨。

（2）主力舰的排水量限于 35 000 吨，主炮口径不超过 406
毫米。

（3）现有主力战斗舰在建成后，在 20 年内不得造新舰替换，
暂时不造新舰。

（4）现有战斗舰的改装所增加的排水量不得超过 3 000 吨，
而且仅限于增加防潜和防空设施。

条约中，也有几项变通办法。例如，日本可保留已完成的
2 艘战斗舰，英国允许造 2 艘新的战斗舰，即纳尔逊（Nelson）
号（见图 4 - 8）和罗德尼（Rodney）号，总吨位为 34 000 吨，
长 216.5 米，功率为 33 570 千瓦，航速为 23 节，装有 9 门 406
毫米口径的炮和 12 门 152 毫米口径的炮，装甲厚 356 毫米。甲
板上还装有 2 只 533 毫米口径的鱼雷发射管。1920 年，英国建成
的战斗巡洋舰胡德（Hood）号，总吨位为 42 000 吨，装有 381
毫米口径的火炮，航速为 32 节（见图 4 - 9）。

图 4 - 8　英国的 Nelson 号战斗舰

图 4 - 9　英国的 Hood 号战斗巡洋舰

第四节　在《五国海军条约》限制下
战斗舰艇的发展

虽然《五国海军条约》限制了战斗舰的发展，但各国仍造了不少新式的巡洋舰、驱逐舰和潜水艇。巡洋舰已明显地分为装有8 门 207 毫米口径火炮，排水量约 10 000 吨的重巡洋舰和装有152 毫米口径火炮的轻巡洋舰两类（见图 4 - 10）。轻巡洋舰的排水量在大战时不过 4 000 吨，到了 20 世纪 20 年代已增至 5 000～7 000 吨，后来又增至 10 000 吨。舰上 152 毫米口径主炮也从6～8 门增加到 12 门。巡洋舰的航速也从大战时的 29 节提高到32 节左右。

图 4 - 10　日本重巡洋舰

驱逐舰也在逐渐地增大，排水量从大战时的不足千吨，增至近 2 000 吨（见图 4 - 11）。法国的驱逐舰较大，如 1934 年完成的空想（Le Fantasque）号，排水量为 2 569 吨，舰长 132.5 米，主机功率为 55 950 千瓦，航速为 37 节。船上装有 5 门 140 毫米口径的炮，4 门 38 毫米口径的对空炮和 3 只三联装鱼雷发射管。舰上有官兵 220 人。

图 4 - 11　驱逐舰

潜水艇也从大战时的 500 吨排水量增至千吨以上，法国、英国、美国等国甚至造出了特大的装有大口径火炮的潜水艇（见图 4 - 12），例如法国于 1929 年建造的舒尔库夫（Surcouf）号，下潜排水量达 4 300 吨，柴油机功率为 5 670 千瓦，水面航速为 19 节，装有 2 门 203 毫米口径的火炮和 14 只 533 毫米口径的鱼雷发射管。它的设计目标是与驱逐舰相抗衡，但后来未闻有显著战果。

图 4 - 12　法国 Casablanca 级潜水艇

　　1919 年 6 月 28 日签订的凡尔赛（Versailles）条约，限制德国海军仅能拥有 6 艘旧的战斗舰、6 艘巡洋舰和少数驱逐舰，并规定舰船的服役年限不得超过 20 年，更新的舰艇的排水量不得超过 10 000 英吨（10 160 吨）。1929 年，德国造了 3 艘重巡洋舰。这就是德国（Deutschland）号［后改名为吕措（Lutzov）号］，舍尔海军上将（Admiral Scheer）号和施佩伯爵海军上将（Admiral Graf Spee）号。该 3 舰设计新颖，船体结构大量采用电焊法连接，减轻了船体重量。推进动力装置是 3 组共 8 台柴油机，总功率为 40 300 千瓦，航速为 26 节。每艘舰上装有 6 门 279 毫米口径的火炮，8 门 150 毫米口径的火炮，6 门 86 毫米口径的火炮，舰上官兵 634 人，战斗力相对强大，因此人们称它为"袖珍战舰"（Pocket Battleships）（见图 4 - 13）。

图 4 - 13　"袖珍战舰" Admiral Graf Spee 在拉普拉塔河口作战受伤后的情景

　　该级舰的油舱容量约为 1 200 吨，20 节巡航速度的作战半径为 10 000 海里。很明显，它的设计目标是战时在海上破坏敌方的商船队。它的主炮可与敌方的巡洋舰相抗衡。德国还秘密地建造了 20 艘潜水艇。

在这期间，各海军大国都积极积蓄力量，以便战争来临时可以迅速建造大量更强大的战斗舰艇。

第五节 第二次世界大战前夕的军备竞赛

一、 战斗舰的建造

1934 年，希特勒（Hitler）成为德国元首后立即下令建造沙恩霍斯特（Scharnhorst）号和格奈泽瑙（Gneisenau）号两艘战斗舰，排水量为 26 000 吨。舰上装有 9 门 279 毫米口径的火炮、12 门 150 毫米口径的炮和 6 门 101 毫米口径的对空炮，航速为 30 节，作战半径为 10 000 海里。

随后，德国废止了凡尔赛条约，宣布建造 35 000 吨的高速战斗舰俾斯麦（Bismark）号和提尔皮茨（Tirpitz）号，装有 381 毫米口径的火炮和 381 毫米厚的装甲，航速为 31 节，实际上它们的排水量是 42 800 吨（见图 4 - 14）。1939 年，更大的、排水量达 50 800 吨的腓特烈大帝（Friedrich der Grosse）号和大德意志（Gross Deutschland）号战斗舰在德国开工建造。这 2 艘巨舰的推进主机采用柴油机来代替汽轮机，其目的是节省燃料以增大作战半径。这些德国战斗舰的设计的主要目标似乎是想在海上摧毁敌方的商船队。但最终该两舰并未建成。

1936 年，《五国海军条约》终止，当时被法西斯势力统治的德国和意大利结成"罗马—柏林轴心"，后来它们又与东方的日本签订了《反共产国际协定》。英国、法国、美国等均受到严重

图 4-14　德国战斗舰 Bismark 号

威胁，纷纷重整军备。那时大型战斗舰仍是造舰的重点。英国的装有 356 毫米口径的重炮，35 000 吨级的战斗舰乔治五世国王 (King George V) 号和威尔士亲王 (Prince of Wales) 号，法国的装有 8 门 330 毫米口径的火炮，主机功率为 89 520 千瓦，航速为 30 节，排水量为 26 500 吨的斯特拉斯堡 (Strassbourg) 号和敦刻尔克 (Dunkerque) 号两艘战斗舰，都很快地建成了（见图 4-15）。法国更大的 35 000 吨级的装有 381 毫米口径重炮的黎塞留 (Richelieu) 号和让·巴尔 (Jean Bart) 号也很快地开工了。

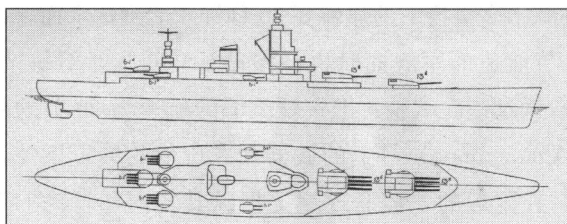

图 4-15　法国战斗舰 Dunkerque 号

日本早于 1937 年就秘密地建造排水量为 66 000 吨，装有 460 毫米口径火炮的特大战斗舰武藏 (Musashi) 号和大和 (Yamato) 号（见图 4-16）。日本的这两艘战斗舰当然是准备用来凭借其优势火力摧毁敌方大型战舰的。可是武藏号于 1942 年

5 月在巴布亚新几内亚独立国南面的珊瑚海（Coral Sea）战役中被美国飞机炸沉，未能发挥其优势火力。这次战役充分地显示了航空母舰和飞机在现代海战中的重要地位。

图 4 - 16　日本战斗舰武藏号

二、　航空母舰的发展

飞机参加海上战斗富有成效。于是不少人认为耗资巨大建造的战斗舰很容易被飞机炸毁，必将遭到淘汰。但也有人认为，从 3 000～4 000 米高空投下的炸弹要 30 秒钟才能到达水面，即使是很慢的 21 节航速的军舰此时也已移动了 300 米，不易被击中。英国海军曾做过一次试验：把一艘废旧的航速为 20 节的战舰阿伽门农（Agamemnon）号上的武器和有价值的装置拆掉，用无线电遥控，在附近的一艘驱逐舰上操纵其转向和行动。飞机在 1 500～3 700 米高空投弹实施攻击，共投了 114 枚炸弹，无一命中。其他国家也做了类似的试验。因此可认为，舰船高速航行时，飞机投弹是不易被击中的。与此同时，水面舰艇也都加强了对空火力。随后各国海军也都用航空兵加强了对大型战舰的空中掩护。

1924 年，英国的航空母舰鹰（Eagle）号是以一艘 22 000 吨的战斗舰改装而成的。飞行甲板展延到舰的两端。驾驶桥楼、桅杆和烟囱虽都集中在船中部右舷，但甲板仍有足够的宽度可供飞机起飞和降落。这种布置称为岛式航空母舰。同时，英国也在建造一艘按这种布置设计的新的航空母舰竞技神（Hermes）号。后来这就成为航空母舰的标准形式了。

为了对本国舰队提供空中掩护和对敌方舰队实施空中打击，各海军强国都大力建造新一代的航空母舰。

美国于1934年建成了14 500吨的可载76架飞机的游骑兵（Ranger）号航空母舰。该舰装有8门127毫米口径的对空火炮，主机功率为39 900千瓦，航速为29.25节，舰上官兵1 434人。随后又建造了19 900吨的约克城（Yorktown）号和企业（Enterprise）号，主机功率为89 520千瓦，航速为34节（见图4-17）。

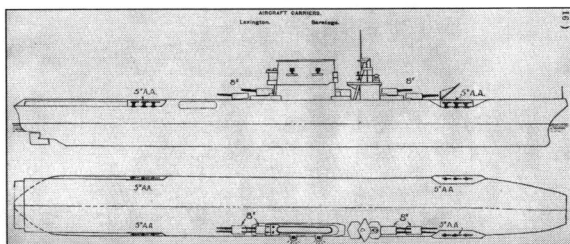

图4-17　美国的航空母舰

英国则加紧建造22 000吨级的皇家方舟（Ark Royal）号等3艘航空母舰。舰长224.7米，宽28.86米，吃水6.96米，飞行甲板长244米。舰上装有8门114毫米口径的火炮及众多的对空速射炮，可载60架飞机。舰上的3台汽轮机驱动3个螺旋桨，总功率为76 092千瓦，航速为31节。法国于1937年也建造了

2 艘新的航空母舰。

日本十分重视海上航空兵的建设，早在 20 世纪 30 年代初已有由战斗舰、巡洋舰和油轮改造而成的航空母舰 6 艘，其中包括 26 900 吨，航速为 25 ～ 28 节，可载飞机 30 ～ 60 架的赤城（Akagi）号和加贺（Kaga）号两舰。大战前夕，更加紧建造了 4 艘新的航空母舰。

第六节　第二次世界大战期间的一些海上战斗

1939 年战争爆发初期，在英吉利海峡就有一些大客船、货船和军舰因触雷而被炸沉。这些水雷主要是由德国潜水艇布设的。这时，新发明的磁性水雷给舰船以极大的威胁。此后舰船服役时都要进行消磁，以消除舰船的磁场。那时英国海军占优势，德国海军主要是在海上进行袭击活动。

一、　德国舰艇的海上袭击

1939 年 10 月 14 日，德国潜水艇 U47 的艇长贡特尔·普里恩（Gunther Prien）果敢地跟随一艘船进入了英国北部的海军基地斯帕卡湾（Scapa Flow），该艇击沉了英国战斗舰皇家橡树（Royal Oak）号，随后逃出，并在海上成功地击沉了多艘盟国商船，直到 1941 年被一艘英国驱逐舰击沉。德国重巡洋舰 Admiral Graf Spee 号在战争初期成功地在大西洋上攻击了几艘盟国商船，但于 1939 年 12 月 13 日在南美洲乌拉圭和阿根廷交界的拉普拉塔河（R. La Plata）河口外遭遇了 3 艘英国巡洋舰埃贾克斯

（Ajax）号、阿基里（Achilles）号和埃克塞特（Exeter）号的围攻，受到损伤，后驶入中立国港口蒙得维的亚（Montevideo）加油、修理。根据国际法，它只能在该港停留 24 小时。后来乌拉圭政府特予延长 24 小时。这时它听说外面有大队英国舰船正等着它出来受歼。舰长朗斯多夫（Langsdorf）知无逃脱的可能，就把该舰开到离海岸 3 海里的公海处自沉（当时领海界限是 3 海里，现在已改为 12 海里），随即他也自杀。

二、 Bismark 号的毁灭

1941 年 5 月 24 日，德国战斗舰 Bismark 号和欧根亲王（Prinz Eugen）在挪威西部海峡和英国新的战斗舰 Prince of Wales 号和老的 42 000 吨战斗巡洋舰 Hood 号相遇，Hood 号被击沉。在后续的战斗中，Bismark 号准备驶出海峡进入大西洋时，遭到英国战斗舰 Prince of Wales 号、巡洋舰诺福克（Norfolk）号和萨福克（Suffolk）号、航空母舰胜利（Victorious）号和 Ark Royal 号等几十艘舰艇的围攻，受到重创，最后被飞机投放的鱼雷击沉（见图 4 - 18）。

图 4 - 18 德国战斗舰队被击沉前的情景

三、 偷袭珍珠港与英国远东舰队的覆没

1941 年 12 月 7 日，日本海军 6 艘航空母舰起飞了 354 架飞机，袭击美国在太平洋上的重要海军基地夏威夷瓦胡（Oahu）岛的珍珠港（Pearl Harbour），共炸沉、炸毁在港舰船 30 艘，给美国海军以沉重的创伤。同时日本也用飞机投放鱼雷的战术，在新加坡（Singapore）外海击沉英国两艘战斗舰 Prince of Wales 号和反击（Repulse）号。这次战役明确地显示了没有空军掩护的海军战斗舰队是经不起敌方空军打击的。

四、 中途岛与珊瑚海之战

1942 年 6 月 4—7 日，在美国和日本的中途岛（Midway Is.）战役中，从美国 3 艘航空母舰 Enterprise 号、大黄蜂（Hornet）和 Yorktown 号起飞的飞机集中力量攻击日本的航空母舰群。几天的连续战斗，4 艘日本航空母舰和 1 艘重巡洋舰被击沉，美国航空母舰 Yorktown 号也损伤严重，后来被一艘日本潜水艇用鱼雷击沉。这是一次带有决定性意义的海上战斗。日本舰队从此一蹶不振。同时这是首次双方舰队在尚未到达火炮射程以内时即由从航空母舰起飞的飞机对敌进攻的战役。1942 年 5 月，日本和美国海军的珊瑚海之战也是同样的情况，基本上是通过从航空母舰起飞的飞机对敌舰进行攻击。一直到战争末期，美国舰队接近日本本岛，遭遇日本自杀飞机的冲击。这些战役，都充分体现了海上战斗必须有空军的掩护，并表明了海军航空兵在海上作战中的重要地位。

第七节　战争期间军用舰艇的发展

第二次世界大战期间，各国都针对战争的经验教训，加紧生产最有效和急需的舰艇。德国处于盟国海军的封锁之下，特别是1942年12月底，在一次盟国护航队与强大的德国攻击者的较量中，英国的小舰队，即驱逐舰和护卫舰群居然击退了由"袖珍战舰" Lutzov 号率领的德国舰队。此后，德国就没有再建造大型水面战斗舰艇了。它只是补充在战争中损失的几百艘潜水艇（见图 4-19）。此外，德国于 1940 年 6 月占领法国时，俘获了正在法国船厂建造的 1 600 吨莫里约（Morillot）级和 900 吨的奥萝尔（Aurore）级潜艇 20 艘，前者的作战半径达 15 000 海里，装有99 毫米口径的火炮和 8 只 551 毫米口径的鱼雷发射管，是当时最优秀的攻击潜水艇。

图 4-19　停泊在基地的德国潜水艇

一、 潜水艇通气管的发明

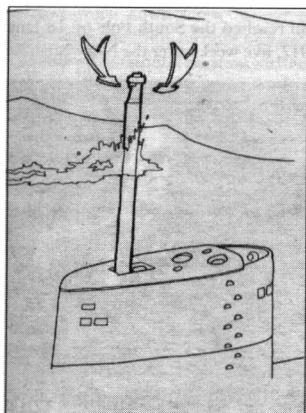

图 4 - 20　潜水艇通气管

这时德国人还发明了一个重要的潜水艇装置，即潜水艇通气管（schnokel，后来英国人将其称为 snort）（见图 4 - 20）。这是一根潜水艇下潜到水面以下时可通到水面的可供吸气排气用的大管子。这样，潜水艇就可在潜没状态，吸入空气，开动柴油机航行或进行蓄电池充电，并排出废气。这种装置对潜水艇的作战能力和人员健康的提高都很有用。

日本人曾造过一种 18.3 米长的微型潜水艇，2 人操作，可发射 2 枚 457 毫米的鱼雷。它曾用于偷袭珍珠港，当时用大型潜水艇运送到临近攻击目标海域。但它们似乎没有发挥什么作用。日本海军于战争初期完成了巨型战斗舰武藏号和大和号，以及 20 000 吨，航速为 32 节，可载 75 架飞机的翔鹤（Syokaku）级航空母舰的建造，但因国力所限，未能建造更新更强的水面舰艇。因此日本只能尽力补充其战时潜水艇和轻型舰艇的损失。

美国本土基本上未受战火波及，凭借其强大的工业潜力和丰富的资源，除了能以大批量造船的方法弥补其商船队的巨大损失外，还可迅速扩大其海军实力。

二、 Iowa 级战斗舰

1943 年服役的依阿华（Iowa）级战斗舰，是为了对付日本的巨型战斗舰而建造的。该级战斗舰长 262.1 米，宽 33 米，吃水 11.6 米，排水量为 45 000 吨（见图 4-21）。主机有 4 台汽轮机，驱动 4 个螺旋桨，航速为 33 节，但后来证明它的最高航速可达 35 节。舰上装有 9 门 406 毫米口径的重炮，20 门 127 毫米口径的火炮和 80 门 40 毫米口径、60 门 20 毫米口径的对空速射炮。该舰的舷边装甲 307 毫米厚，炮塔前的装甲 432 毫米厚。密苏里（Missouri）号也是属于该级的战斗舰。1945 年 5 月，日本战败的投降书就是在该舰上签署的。

图 4-21　美国 Iowa 级战斗舰

三、 航空母舰的发展

战争期间，美国发展了埃塞克斯（Essex）级航空母舰，共造了 26 艘（见图 4-22）。舰长 249.9 米，宽 31 米，吃水 9.4

米，标准排水量为 27 100 吨，满载排水量为 36 380 吨。飞行甲板宽达 59.7 米，可载 45 架战机。舰上装有 4 门 127 毫米口径的火炮和众多的对空速射炮。动力装置则有 4 台汽轮机，总功率为 111 900 千瓦，航速为 30 节。舰上有舰员 1 615 人，加上航空兵 800 人，共 2 400 余人。

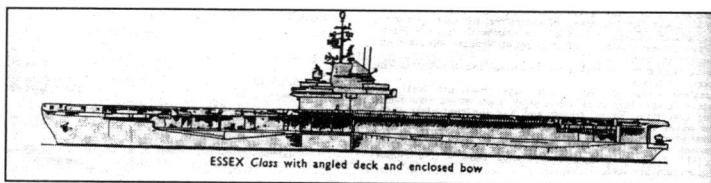

图 4 - 22　美国 Essex 级航空母舰

战争末期，美国又发展了更大的 51 000 吨的中途岛级航空母舰，舰长 274.3 米，宽 36.9 米，飞行甲板宽达 72.5 米，可载 75 架飞机。动力装置包括 4 台汽轮机，总功率为 158 152 千瓦，航速为 33 节（见图 4 - 23）。舰上有舰员 2 615 人（官员 140 人），航空兵 800 人，共约 3 400 人。舰上装有 18 门 127 毫米口径的火炮和众多的对空速射炮。这时舰上的电子设备，如雷达、声呐和战术信息与控制设备发展迅速，几乎每年都有更新。

图 4 - 23　中途岛级航空母舰

四、 潜水艇继续发展

潜水艇是攻击敌方商船队的有效手段。美国潜水艇破坏日本在东南亚的运输线成效显著，因此也是战时的发展重点。美国不断吸取其他国家，特别是德国潜水艇的经验，在战争末期推出了1 975 吨（水下2 450 吨）的鹦鹉螺（Clamagore）级攻击型潜水艇，装有10 只533 毫米口径的鱼雷发射管（6 只在船首，4 只在船尾）（见图4 - 24）。动力装置是4 台柴油机，总功率为4 770 千瓦，2 台推进电动机总功率为4 028 千瓦，驱动2 个螺旋桨，水面航速为20 节，下潜航速为15 节，船上有舰员85 人。那时美国还造了一些航速较低的运输潜水艇，向前沿阵地和敌方占领的岛屿运送兵员和装备。

图 4 - 24 Clamagore 级攻击型潜艇

五、 反潜护航舰艇

由于潜水艇对商船队的威胁很大，于是各国就开发了护航和探测、摧毁敌军潜水艇的舰种。那时盟军已发明了用水下超声波探测潜水艇的设备 ASDIC（盟军潜水艇侦测研究委员会 Allied

Submarine Detection Investigation Committee 的简称）。后来这种
设备就被称为声呐（sonar）。反潜舰艇主要有两类：一类是护卫
舰（美国称 destroyer escort，英国称 frigate）。如美国 1943 年服
役的 Edsall 级，排水量为 1590 吨（满载为 1850 吨）（见图 4 -
25）。舰长 93.3 米，宽 11.1 米，吃水 4.3 米，装有 2 门 76 毫米
口径的火炮，反潜武器有鱼雷发射管和深水炸弹投掷器。舰上装
有 4 台柴油机驱动 2 个螺旋桨，总功率为 4 480 千瓦，航速为 21
节。英国的 Loch 级也有类似的性能。不过英国由于战时生产条
件有限，该型舰艇仍用陈旧的三膨胀式蒸汽机推进。另一类是较
小的，可称为小型护卫舰（英国称为 corvette，美国称为
escort），排水量为 600～900 吨的小型反潜护航舰艇。船型与捕
鲸船类似，适航性优良，可在大风浪中勇往直前，航速约为 16
节。舰上也备有对付潜水艇的 76 毫米口径的火炮、速射炮和深
水炸弹抛掷器。它们是护航队的得力助手。

图 4 - 25　护卫舰

六、　两栖作战舰艇

为了争夺滩头阵地，以便深入向内陆进军，在海、陆、空三军联合行动时需要两栖作战用舰艇。英国和美国都设计和生产了多种登陆舰艇。例如，坦克登陆舰（landing ship tank，LST），长96.3米，宽17米，吃水4.3米，标准排水量为1853吨，登陆搁滩时为2366吨，满载排水量达4080吨，可载运20辆坦克，700名战士，船上有舰员120人（见图4-26）。该舰用两台柴油机驱动2个螺旋桨，总功率为1270千瓦，航速为11.6节。中型登陆舰（landing ship medium，LSM）长17.1米，宽4.3米，吃水1.2米，主机功率为336千瓦，航速为9节，可载重34吨或80名战士。至于小型车辆与人员登陆艇（landing craft vehicle and personal，LCVP），长10.9米，宽3.2米，吃水1.1米，排水量为13.5吨。艇上装有一台242千瓦的柴油机，航速为9节（见图4-27）。

图4-26　坦克登陆舰

图 4-27　车辆与人员登陆艇

还有一种船坞登陆舰（landing ship dock，LSD），船身如同一个船坞，内可载几艘中型登陆舰和多艘车辆与人员登陆艇，越过重洋大海到达登陆地点。如美国的阿什兰（Ashland）级和卡毕多（Cabildo）级船坞登陆舰，标准排水量约为 5 000 吨，满载排水量可达 9 200 吨，主机功率为 5 220 千瓦，航速约为 15 节。1942—1945 年这种船共造了 20 艘（见图 4-28）。

图 4-28　船坞登陆舰

1945 年 8 月，美国军用飞机在日本广岛和长崎两个城市上空投下原子弹，造成数十万人伤亡，迫使日本早日投降。后来，威力更大的氢弹爆炸成功。核弹头成了重要的威慑武器。之后，世界上拥有核武器的国家越来越多了。

第五章
当代运输船舶

　　第二次世界大战的近 6 年时间内，军事技术有了高度的发展。战后，随着这些技术应用于民用产业，促进了国民经济的发展和科学技术的进步。战时交战双方各国大量造船，发展了船体全焊接工艺、分段造船、结构大件与机器整体装配、预先舾装和设备零件标准化等先进造船工艺技术，显著地缩短了造船周期，降低了建造成本并保证了产品质量。

　　第二次世界大战结束以来的半个多世纪中，船舶日益大型化，船舶动力装置的进步引人注目，新材料不断涌现，信息、计算机和自动化技术的成就不仅使船员人数大幅度减少，而且提高了船舶的功能和安全性。首先是战时所造的大量通用干货船的替代船型——标准干货船和高速班轮的开发和制造。接着就是油轮和散货船的发展，除了大型化之外，还推出了自卸散货船、石油－散货－矿砂（oil-bulk-ore，OBO）兼用船等。此外，为了适应石油和化学工业的需要而发展了成品油船、化工制品船、液化石油气和液化天然气船等高技术船舶。集装箱运输的发展更导致了海上干杂货运输的一次革命。滚装船和载驳船不仅适应了水陆联运和海洋－内河联运的需求，而且缓解了某些经济迅速发展地区的港口拥挤和堵塞问题。

　　以下就这些情况加以叙述和讨论。

第一节 标准干货船和高速班轮的设计和制造

从 20 世纪 60 年代末期开始，第二次世界大战期间所造的 2 000 余艘自由（Liberty）型干货船和胜利（Victory）型班轮均已达到退役报废船龄（见图 5 - 1）。英国、德国、日本诸国都大力发展标准干货船。其中最著名的，如英国奥斯汀和皮克斯吉尔（Austin & Pickersgill）公司设计的 SD14 型干货船，船总长 144 米，宽 20.4 米，深 11.8 米，吃水 8.9 米，对一艘载重为 15 000 吨和货舱容积为 20 000 立方米的船来说，该船的主要尺度是较小的（见图 5 - 2）。船的主机是 Sulzer 型 4 缸柴油机，功率为 5 586 千瓦，航速为 15 节，日耗燃油为 26 吨。该船的机舱和驾驶室在船的中后部，驾驶员可以前后呼应，方便驾驶操纵。货舱安排是机舱前 4 个货舱，机舱后 1 个货舱。第 3 舱的结构进行了加强，在空载时可作为压载舱用。这样布置不仅在空载航行时压载条件较好，而且船体所受弯曲力矩较小，可以减轻船体结构重量。该船型获得了船东和船长们的好评，共造了 199 艘。

图 5-1 自由型干货船

图 5-2 SD14 型干货船

日本石川岛播磨重工业公司（IHI Corporation）制造的自由（Freedom）型干货船的尺度、载重量和货舱容积和 SD14 相仿。船中部的一个货舱也可作为压载舱用。机舱和驾驶室均设在船尾部，这是较早的一种尾机船。主机采用 SEMT 型中速柴油机，通过减速器驱动螺旋桨，主机功率仅为 3 370 千瓦，航速为 13.6 节，日耗燃油仅为 17 吨。它是一种很经济的船型。Freedom 型干货船也造了 165 艘。这两种船都属于不定期和不定航线的所谓"流浪者"（tramp）船。

为了适应货运定期班轮（cargo liner）航线的需要，世界上几个大造船厂和设计咨询公司都提出了各具特色的货运班轮设计。这些船的尺度和主机功率都较大，航速较快，装卸货设备较好，基本上都装了甲板起重机，也称克林吊车。例如，20 世纪 60 年代末，英国到远东航线的普里阿摩斯（Priam）型班轮就是其中的一种，该船长 159 米，宽 23.6 米，深 13.4 米，吃水 9.1 米，总吨位为 12 090 吨，载重量为 11 140 吨，货舱包装容积为 20 530 立方米。推进动力装置为蒸汽轮机减速齿轮传动，主机功率为 13 890 千瓦，航速为 21 节，日耗燃油为 68 吨。这船有 5 个货舱，船中部的 3 个货舱可载运集装箱。此外，该船还设有 13

个液货舱,可装1 800吨液货并设有舱容达560立方米的冷藏舱。该船还采用了"无人机舱"设备,即机器操作均在有人值班的控制室内进行,机舱内的设备只需定时检查,不需人员值班。我国江南造船厂所造的东风号也是一艘班轮型的万吨级通用干货船(见图5-3)。通用干货船以载运包装杂货为主,但也可载运任何干散货、大型机电和化工设备,以及少量液货。当时,包装杂货的装卸效率很低,一艘万吨级通用干货船在码头上的装卸时间少则几天,多则半个月以上。因此,船的吨位难以增大。一直到集装箱运输发展以后,这种局面才有所改变。

图5-3 东风号万吨级干货船

集装箱运输发展以后,在航程1 000海里左右的近洋航线上,3 000~5 000吨级的干货船仍然很活跃,它们也可以成为以集装箱运输为主,兼运其他货物,为大型枢纽港口从事集疏运任务的"喂给船"(feeder)。该类型船的航速略有提高,吃水稍有减少,干舷有所增加,以提高其操作的灵活性。

由于干货船的空船压载航行机会较多,而且有时须在风浪较大的海面航行,因此需要较大的压载舱容积,以保证船有较大的吃水,使螺旋桨没入水中和减少船首拍击的情况。20世纪90年代以来,由于这类船出入港口、离靠码头和压载航行的次数增多，为了改进操纵性和提高避碰能力，许多船采用了可调螺距的螺旋桨和在船首部装设侧推器。

船员定额（人数）的减少是当代航运技术进步和经济性提高的重要标志。现在一艘货船上的船员人数不过 10 余人，仅为 50 年前的三分之一至二分之一。由于船员减少，船上生活、救生设备和上层建筑都可随之减少，因此节省了许多经费支出，更方便了装卸货。船员工资随着国家和世界经济的发展而迅速增长，20 世纪 50 年代船员工资仅占船的营运成本的 15％，而到 20 世纪末已占 25％以上。由于当代货船在港停泊时间的减少和安全性的提高，货船的港口费、货物装卸费和保险费等都相继减少了。

第二节　油船和散货船的大型化

现代货船的大小主要由需要运输的货运量（即货源）、运输距离和装卸货的效率等因素决定。当然，也还要看当时的造船技术能不能造出安全可靠、操纵灵活的大型船舶。航道有时对船舶的尺度有所限制，例如苏伊士运河原来只允许最大吃水为 10.36 米，载重量约为 30 000 吨的船通过。后来运河疏浚加宽、加深，便可以通过十几万吨的大船。现分别把油船和散货船的发展情况叙述如下。

一、　油船

20 世纪 40 年代中期，第二次世界大战结束时，最大油船的载重量仅为 20 000 吨左右。战后世界经济恢复，石油化工迅速发展，原油运量猛增，油船的尺度也相应增大。1950 年建成的维路提纳（Velutina）号的载重量是 28 000 吨。3 年后的蒂纳·奥纳西斯（Tina Onassis）号的载重量猛增到 45 750 吨。当时石油的主要运输通道是从产油的中东地区，经过苏伊士运河，把石油运到西欧和北美的工业化国家。

1956 年 7 月，埃及政府把苏伊士运河权益收回，引起了英国、法国和以色列侵犯中东和苏伊士运河的危机，致使运河关闭。随后，在苏联和美国的干预下，又重新开放。1967 年，以色列对埃及和叙利亚的"六日战争"爆发，再次关闭了运河，这一次持续的时间很长，直到 1975 年 6 月才恢复航行。

在运河关闭期间，油船只能绕道非洲南端的好望角，再向北驶到西欧和北美，航程几乎加倍。与此同时，世界制造业和贸易发展迅速，特别是汽车和飞机的数量猛增，石油的需求空前增长。石油运输的货源充足，航程增大，当然需要更大更经济的船。1966 年日本造的特大型原油船（very large crude oil carrier，VLCC）出光丸号，船长 342 米，载重量为 21 万吨。1976 年更建成了超大型原油船（ultra large crude oil carrier，ULCC）Globtik Tokyo 号（见图 5 - 4），载重量为 483 664 吨，船长 379 米，宽 62 米，吃水 28 米，主机功率为 33 500 千瓦。当时一艘 20 万吨的油船绕好望角到西欧荷兰鹿特丹港的运输成本比一艘 7 万吨的油船通过苏伊士运河到西欧的运输成本还要低。1980 年，日本津造船厂把一艘属于香港著名航商董浩云集团的超大型原油船海上巨人（Seawise Giant）号的中间切断，加装一段船体，使该船的船长增至 458 米，船宽 67 米，吃水 24.6 米，载重量为 564 789 吨。这是当时世界上最大的船了（见图 5 - 5）。

油船只要装备大功率、大输出量的油泵，其装卸速度就可

图 5-4 Globtik Tokyo 号油轮

图 5-5 Seawise Giant 号

以很快,每小时达 1.4 万吨。大船受港口水深限制的问题也可设法克服。例如,特大或超大油船可以在深水区采用单点系泊装置靠泊,通过管道把石油输送到岸上。大船的经济性是显而易见的。例如,航速都是 15 节,2 万吨载重量的船需 7 460 千瓦的功率驱动,而 50 万吨的超大船的主机功率也不过 34 000千瓦。因此,燃料消耗量以每载重吨计,小船是大船的 5 倍以上。前者的每载重吨造价也是后者的 3 倍以上。而且不论船的大小,船员人数相差很少。因此大船的单位运输成本要比小船低得多。

建造特大型船舶的主要考虑是船体强度和船的操纵性问题。实践经验证明，应用现代船舶设计和制造技术是可以保证这样大的船能够抗拒海上风暴的冲击和航行安全的。

但是，船在海岸多浅滩地带搁浅破损，所载石油大量泄出，导致大面积海面和滩涂污染，造成巨大损失的海难事故已发生多起。1967年，托里·卡尼翁（Torrey Canyon）号在英国西南端兰兹角（Land's End）搁浅后，船体破损，折为两段。1978年阿莫科·卡迪斯（Amoco Cadiz）号在法国布列塔尼（Brittany）海岸搁浅，以及1989年美国油船埃克森·瓦尔迪兹（Exxon Valdez）号在阿拉斯加水域搁浅，这些都是著名的油船失事、造成海洋污染的例子。

此外，要注意的是油船都是单程满载，回程加装压载水航行。如压载水中含有石油，排放到海中则会污染海域，造成危害。1973年，联合国国际海事组织的《国际防止船舶造成污染公约》规定：2万吨级以上油船须设专用压载舱，不允许在这些专用舱中装载石油。现在船舶检验机构还要求大型油船均应是双壳体的，以防止船体破损时所载石油大量泄出。

大油船的动力装置，过去基本上都采用蒸汽轮机，通过减速器驱动单个螺旋桨。单桨装置有利于提高推进效率，而且造价和维修费用也较低。蒸汽装置还可以随时提供惰性气体，用以充填空油舱。油船卸油后，这些空油舱内聚集着易爆炸的石油气和空气的混合物，必须用惰性气体取而代之，以策安全。蒸汽动力装置还可以提供卸油时把原油加热所需的蒸气，使原油成为流体，以便抽出。出于经济和操作便利的原因，现在油船也多采用柴油机动力装置。

20 世纪 70 年代中期，中东石油输出国家把石油的价格提高了 4 倍，随后又成倍提高油价。石油消费国家则采取节约能源的对策。那时，还有一个重要的情况是，很高的石油价格促进了一些开采成本较高的海洋石油资源和一些小油田的开发。于是，非洲、欧洲北海、美洲的阿拉斯加和其他许多地方都发现了大油田。这时巴拿马运河已可通航 7 万～10 万吨的巴拿马（Panamax）型油船。1980 年，苏伊士运河扩建工程完成后可通航吃水为 15～16 米，载重量为 12 万～15 万吨的苏伊士（Suezmax）型大油船了。这样，油船的航行路线有了改变，航程有所缩短。因此，新造油船的吨位有所降低。当今巨型油船的吨位已减至 30 多万吨，而 4 万～5 万吨级的所谓"灵便"型油船也很盛行。

二、散货船

半个多世纪以来，煤、铁矿砂、谷物、木材和化肥等干散货的运输量持续增长，因此新型专用散货船不断诞生，船的尺度也不断增大。当今散货船大致可分为下列几种类型。

（一）通用散货船

通用散货船可载运任何种类的干散货。货舱容积较大，以便载运较轻质的货物，如煤、谷物、铝土矿、糖等。货舱两舷的上侧和下侧呈三角形空舱，以备装载压载水之用。货舱口较大，以便用抓斗卸货（见图 5 - 6 和图 5 - 7）。

（二）矿砂船

矿砂，特别是铁矿砂重量较大，所需货舱容积较小。矿砂船两侧均为宽度较大的空舱。双层底的高度较大。这些空间都可用来装载压载水，保证了良好的压载航行条件。

图 5-6　通用散货船

图 5-7　散货卸到驳船

（三）石油-散货-矿砂兼用船

　　石油-散货-矿砂（OBO）兼用船的设计是为了船的往返航程都可载货。船体结构形式和强度须适应载运和装卸石油、散货和矿砂（见图 5-8）。兼用船货舱口要深些，以形成石油的膨胀容积和减少石油与谷物的自由流动面积。这种船除了装有压载水管系外，还需装设装卸石油的管系。兼用船一般也是 10 万～20 万吨的大船。

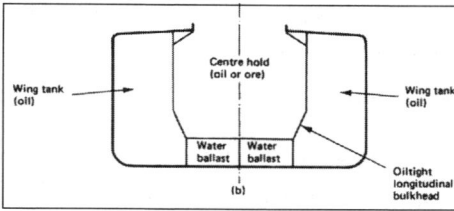

图 5-8 OBO 兼用船

大型散货船几乎都依靠岸上设备装卸货物，本身不设物装卸设备（见图 5-9）。散货船的尺度主要受装卸货效率的限制。原来用小抓斗卸货的效率较低，每小时仅为 200～300 吨，限制了船的吨位增长。20 世纪 60 年代中期，4 万吨级的散货船已经很大了。后来，采用大型抓斗，一次可抓 35 吨铁矿砂，每小时可卸货 2 500 吨。至于斗轮、链斗和传送带式的卸货机则每小时可卸货 6 000 吨。这样，散货船的尺度就迅速增大。现今，最大的矿砂船的载重量达 40 万吨，船长 362 米。当然，大船的尺度还受港口水深的限制。为了减少船的吃水，造船厂专门设计和建

图 5-9 大型散货船

造了浅吃水的油船和散货船，10 万吨级的大船吃水仅为 12～13
米，15 万吨级的船吃水仅为 15 米。

为了进一步提高卸货效率，连续传送带自卸货船有了长足的
进展。这种船的货舱漏斗式的底部装有 2～3 条纵贯船长的散货
传送带。卸货时先把散货输送到船的一端，再通过提升装置把散
货输送到岸上。卸货速度每小时可达 1 万～2 万吨。虽然自卸散
货船的造价要比普通散货船高 15％～20％，但可以缩短航次周
期，提高营运效率。

第三节　高技术液货船

液货船专门运送各种石油制品、化工制品和液化气体。所载
液货大都有易燃性、毒性和腐蚀性。液化气船还要在船的长途航
行中保持所载货物始终处于液化状态。为了保证船的航行安全，
船在遇到海难事故时须有较强的生存能力，并能防止液货外泄，
污染海洋。为此对船的总体布置，结构、管系的安排，货舱的隔
离、通风排气和防火等都有很高的要求，涉及多种高技术。这类
船的造价要比普通液货船高 1～2 倍。高技术液货船包括成品油
船、化学品船、液化石油气船和液化天然气船。

一、成品油船

这种船的任务是把炼油厂的成品油运到使用部门或市场。成
品油一般可分为两类：一种是轻质油，色较浅，因此俗称"白
油"，如汽油；另一种是重质油，颜色较深，俗称"黑油"，主要

是重柴油。成品油的比重比原油小，因而需要较大的货舱容积。成品油船往往要载运多品种的油货，因而要装设多套管路系统，并往往采用放入油中的潜液泵卸油。货舱内表面要光滑，无骨架构件，以利于清洗工作。此外，这种船经常要在不同的港口进行部分装卸作业，货舱内可能会产生较大的自由液面，因此要更多地注意船的稳性。成品油船是装载危险品的船，因此船的操纵性也要更好一些，以防止碰撞事故的发生。

载运重质油、航程较长的船较大，载重量可达到 5 万～11 万吨。载运轻质成品油的船载重量较小，3 万吨左右较为适用。成品油船一般要求在 12 小时，最多一天内卸完油货。1999 年，我国广船国际公司为丹麦马士基（Maersk）公司所造的 3.5 吨级成品油船就属于后一类。该船长 162 米，宽 27.4 米，吃水 9.73 米，航速为 15.3 节。

二、 化学品船

化学品船主要可分为专用船和多功能船两类。专用船主要是运输磷酸、棕榈油等特定的化学品，一次性运量较大的船。由于石油、煤和其他化工产品种类繁多，因此化学品船需要同时运输多种化学品，而成了多功能的液货船（见图 5 - 10）。

图 5 - 10　成品油、化学品船

许多化学品有毒性，易着火爆炸，而且对金属和合金的腐蚀性很强。化学品万一泄漏，对海洋、空气的污染和人身的毒害是很严重的。因此，国际海事组织（International Maritime Organization，IMO）和各国船级社对化学品船的布置、构造、液舱分隔、货物围护和人员保护等都有明确和严格的规定。

化学品船货舱的内表面均需用涂层保护，或用不锈钢制造，以起到防腐蚀的作用。化学品船的载重量从千余吨一直到 4 万余吨不等，航速一般是 13～14.5 节。

三、 液化气体船

液化气船主要有液化石油气（liquified petroleum gas，LPG）船和液化天然气（liquified natural gas，LNG）船两类。

（一）液化石油气船

石油气的主要成分是丙烷或丁烷，可燃，是炼油厂的副产品。开始，石油气用压气罐在常温下运输。20 世纪 50 年代初运量增加。1954 年，法国造出了第一艘容量为 630 立方米的液化石油气船。石油气在常温下要用 1.75 兆帕的压力液化。由于压力罐强度的限制，因此全压式的 LPG 船只能是 3 000 吨以下的小船。石油气的液化温度是零下 50 摄氏度。随着石油气运量的增长，船长为 200 米，容量为 7.5 万立方米的全冷式 LPG 船出现了。当然，这种船的货舱需要绝缘，甚至需要两道绝缘屏障和装有很大的压缩机再液化装置。当然还有半压半冷式的液化石油气船（见图 5 - 11）。

（二）液化天然气船

随着世界工农业的迅猛发展，能源需求空前增长，煤和石油

图5-11　液化石油气船

是当前主要的燃料，直接燃烧后会造成严重的空气污染。天然气也是深藏地下、数量可观的可燃物质。它的主要成分是甲烷，是气体，燃烧后公害较少。液化天然气很轻，比重仅及水的一半，常压沸点是零下163摄氏度。LNG 船（见图5-12）的建造要比LPG 船难得多。由于温差过大，材料冷缩热胀，因此对建造材料、绝缘和二级屏障的要求很高，还有控制气体蒸发的问题。

　　1958年，美国造出了第一艘 LNG 船甲烷先锋号，容积为5000立方米。该船是由一艘 T2 型油船改装而成，多次航行于美国和英国之间，取得过许多实际经验。专门设计的 LNG 船，于1964年正式投入营运。目前典型的 LNG 船的容量约为12.5万～13.0万立方米，长274米。液舱是很大的用铝合金或镍钢合金制造的球形储罐，直径约为36.5米。储罐周围用多层软木构成绝缘层，再用层板做第二屏障。储罐在运输过程中，当外界空气温度变化时能自由胀缩，船对储罐的支托结构也是很复杂的。船内一般不设再液化装置，在较长的航程中，大约有10％的液货会蒸发，因此可以把蒸发的天然气引到锅炉作为燃料消耗掉。近年来，结构复杂但货舱容积利用率较高的薄膜液舱型

LNG 船也有了很大的发展。

图 5 - 12　液化天然气船

液化天然气易燃有毒，腐蚀性很强，在低温和高压情况下以及与其他物质接触和混合时会产生毒害。为此，国际海事组织制订了《国际散装运输液化气体船舶构造和设备规则》，对船的布置、液货舱位置、货物围护系统、防止液货泄漏的屏障、排吸气管设置、完整和破舱稳性等都做出了明确的规定和要求。

第四节　集装货物船的发展

各种工业制品和件杂货一向由通用干货船运输。按常规方法用船上吊杆、甲板起货机或岸上起重机装卸货物，装卸效率很低，平均每小时仅可装卸货物 20～30 吨。一般万吨级干货船，一次在港停泊装卸货物的时间少则几天，多则几个星期，船舶周转很慢，营运效率较低。为了改革装卸货作业方法，20 世纪 50年代以来，先后开发了集装箱船、滚装船和载驳船等船型。

一、　集装箱船

当代世界航运业发展的一个重要标志是集装箱船的发展。这种运输方法就是把零散的货物集中放在一个较大的箱子（也称货柜）内。然后把这只箱子运到码头，吊入船中特设的格栅内。船满载后即出航开到目的港。随后从船的格栅内把箱子吊出，再用车辆或小船送到接受箱子的单位。这种运输方式有下列几个特点：

（1）装卸货物的时间和所需装卸工的人数都显著减少。1956年，美国第一艘由油船改装而成的集装箱船盖特威城号装载了226个35英尺（10.67米）长的集装箱试航纽约—休斯敦（美国南部墨西哥湾北岸港口城市）航线，在码头仅用了15小时就完成了装卸作业，而同吨位的通用干货船则需7天。

（2）在陆地上转运标准大小的集装箱也很方便，有利于水陆联运。

（3）由于货箱锁闭严密，在运输途中和装卸过程中货损及被盗情况极少。

（4）集装箱占货舱的舱容较多，货舱内装货较少，但甲板上可以堆放大量集装箱。

早在20世纪20年代西欧的铁路上也曾用过一些小型的集装箱。第二次世界大战期间，美国军队也用一种小集装箱载运军用物品。20世纪50年代，世界干杂货运量猛增，提高港口装卸效率，减少船舶停港时间的呼声强烈。随即，美国把一些旧船改装为集装箱船。从1967年开始，几个主要航运国家在国际标准化组织（International Organization for Standardization，ISO）的推动下达成了集装箱尺度的统一标准，其中最常用的两种集装箱是

20 英尺（6.10 米）和 40 英尺（12.20 米）长，8 英尺（2.44 米）宽的箱子。集装箱的高度一般也是 8 英尺，但也有不少箱子高 8.5 英尺（2.60 米）。20 英尺长的箱子称为标准箱（twenty feet equivalent unit，TEU）。

集装箱运输需要投资巨大的专用码头。码头上备有跨度足够大和能起吊 40 英尺长，满载货物的集装箱的装卸桥。

由于装卸效率的提高，集装箱船的吨位也增长迅速。20 世纪 60 年代末，最大的集装箱船迪斯卡弗里贝（Discovery Bay）号的载箱数不过 1300 标准箱，载重量为 29150 吨。到了 1973 年，集装箱船不来梅快线（Bremen Express）号可装 2300 标准箱，载重量为 43000 吨。20 世纪 90 年代初，船宽为 32.2 米，设计吃水为 12 米的巴拿马型，也称为第 4 代集装箱船，载箱量已达 4400 标准箱。至于第 5 代的超巴拿马型，船的尺度超过了目前巴拿马运河允许通过船舶的尺度。这些船的载箱量为 6000～8000 标准箱，船长 397 米，宽 43 米，吃水 14 米（见图 5-13）。

图 5-13　集装箱船

二、滚装船

滚装船是可供满载货物、有轮子的车辆开上开下，即滚上滚下（roll on / roll off, RO/RO）的船。20 世纪上半叶，已有不少在江河或海峡摆渡的汽车轮渡和火车渡船。第二次世界大战时期的登陆舰也为滚装作业提供了技术和经验。但是航程较长的专用货运滚装船是在 50 年代末出现的。1958 年，美国造的滚装船彗星（Comet）号建成。次年投入澳大利亚的墨尔本—塔斯马尼亚岛航线营运，航程为 265 海里。1960 年，改航纽约—杰克逊维尔（Jacksonville，美国东南部港口）航线，航程为 800 海里。1966 年，丹麦造出萨默塞特（Somerset）号后，滚装船在北欧得到迅速发展。北欧波罗的海区域的海峡、岛屿众多，公路稠密，海岸潮差又小，因此船上只需装设较短、结构较简单的跳板，车辆就可以方便地上下船。这些都为滚装船的发展提供了良好的条件。

潮差较大的海域的滚装船尾部的跳板长达 20～30 米，宽 5～7 米。最长最大的跳板长达 50 米，宽 12 米。这个跳板可容几辆车子并排进出，加快了装卸速度。这种跳板一般由 3 节构件组成。有的船在船首和舷侧也开门并有跳板供车辆上下。船内还有坡道和升降台把车辆从一层甲板转送到另一层甲板。滚装船的装卸速度比集装箱船还要快些。由于在货舱内，车辆的周围都需要有一些空档，因此货舱的利用率较低。为了改进这种情况，有的滚装船上备有专用的叉车、拖车等，把集装箱运到舱内堆放好，并予以紧固。滚装船还可以载运工业装备的重大件、重大车辆和成捆的管材、钢材等。

汽车运输船也是滚装船的一种（见图 5 - 14）。它具有多层甲板，大的可载几千辆轿车。这种船的航速较快，一般在 18～22 节；小型滚装船的航速较低，约为 15 节。

20 世纪 70 年代中期，石油价格提高，中东石油输出国家的经济增长，进出口贸易骤增，港口拥挤堵塞。滚装船只需简单的

图 5-14　滚装汽车运输船

码头设备就可实施快速装卸作业，解决港口堵塞问题。1976 年，亚洲海速（Sea Speed Asia）号和阿拉伯海速（Sea Speed Arabia）两艘载重量为 22852 吨、当时最大的滚装船投入营运。每船能载运 1317 个标准箱或 307 辆拖车，也可装运 1000 吨重的特大装备。全船货物可在 6 小时内装卸完毕。

三、　载驳船

　　江海是连通的。但长期以来，江船因结构单薄、适航性差而不能出海，而海船又因吃水较深进不了江河。海船上的货物要进入江河和内地，必须在海港中转换载，要花一笔不小的中转费用。人们为了减省这项中转操作，开发了江海直达船。这种船的船体结构可以抗拒海上风暴的冲击，船上设备和适航性都适合海上航行的要求，且船的吃水又较浅，转向操纵性能灵活，完全适合内河航行的要求。但它的适航性并不强，仅适于在近海航行，船的吃水也不允许它深入内陆较小的河道。于是一种既能远洋航行，船上货物（驳船）又能方便地卸下，以便深入内陆大小河道的新型船舶——载驳船诞生了。

这种船的运输方式是先将货物装在标准大小的驳船内，再把这些驳船整体装进停泊在海港水域的很大的载驳船内。载驳船开出港口，沿一定的航线到达目的港，卸下驳船。再用拖船把驳船顶推（或拖带）到内陆卸货地点。

早在第二次世界大战期间，美国海军曾造过船坞登陆舰，可载运几艘登陆艇到达登陆地点。从 20 世纪 60 年代初开始，欧美的一些造船单位即着手开发实用的载驳船。

1963 年，美国弗里德 & 戈德曼（Friede & Goldman）公司提出了用装在船上的 500 吨吊车把驳船从船尾吊进吊出的一种设计，称为 Lighters Aboard Ship（LASH）（见图 5 - 15）。这种载驳船采用的驳船，总重为 460 吨（载重为 375 吨），几乎可以贮放任何种类的货物。1967 年，一位挪威船东采纳了这种载驳船的设计，向日本浦贺船坞订造了一艘名为阿卡迪亚·福里斯特（Acadia Forest）的 LASH 型载驳船。该船长 262 米，宽 32.5 米，吃水 11.25 米，载重量为 43 517 吨，航速为 18 节，可载运 73 只 LASH 驳船或 1 800 只标准集装箱，在美国与北欧航线上营运。

图 5 - 15　LASH 型载驳船

1972 年，美国又推出了新的载重量为 38 400 吨，用升降台装卸驳船的西比（Seabee）型载驳船。驳船的载重量达 850 吨，平台每次可举升 2 只驳船。后来，英国、丹麦、苏联、芬兰、日本和德国等国都相继建造了多种载驳船。

载驳船特别适用于大河三角洲以及水网地区的港口，不需靠泊码头，船舶周转快，从而能降低运输成本。但一艘 LASH 型载驳船需要配备 100～200 只驳船，投资很大。而且这些驳船只能专用，不能像集装箱那样普遍调用。因而，载驳船仅适用于货运很稳定的场合，难于推广应用。

第五节　核动力船

1959 年，苏联建造了核动力破冰船列宁（Lenin）号，成功地开辟了西伯利亚北部新地岛（Novaya Zemlya）和白令海峡之间的航线（见图 5-16 和图 5-17）。该船长 134.1 米，宽 26.8 米，排水量为 19 240 吨，核动力装置功率为 29 240 千瓦，航速为

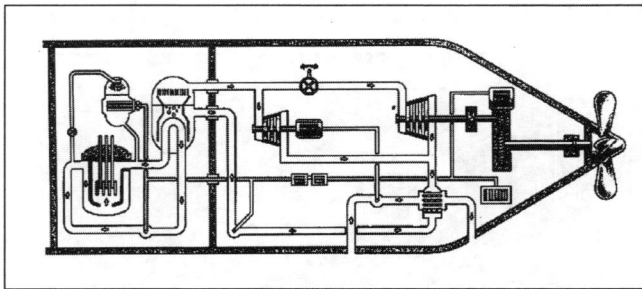

图 5-16　核动力推进装置示意图

图 5-17 核动力破冰船列宁号

19 节。苏联又于 1977 年造成了核动力破冰船北极 （Arktika）号，也成功地应用于这条航线上。

　　但是，核动力装置用于一般运输船舶不很成功。例如，1962年美国造的萨凡纳（Savannah）号干货船，载重量为 22 000 吨，航速为 21 节；1968 年德国造的奥托·哈恩（Otto Hahn）号货船和日本造的三井号货船都因未能获得船东们的信任，并受到公众的反对而未能成功地营运（见图 5-18）。

图 5-18 Otto Hahn 号核动力货船

第六节　旅游船和车辆-旅客渡船

从 20 世纪下半叶开始，长途航空客运蓬勃发展，横渡大西洋仅需 6～7 小时，而乘船则需 4～5 天，客邮船的营业每况愈下。但随着世界经济的持续发展，人民生活水平的提高，海上旅游业随之迅速发展。如今，不论海上旅游船队的发展规模还是单船吨位都远远超过了过去的客邮船。总吨位 10 万吨以上、载客 3 000 余人的特大豪华旅游船已有多艘（见图 5-19）。美洲的加勒比海和欧洲的地中海是旅游船最集中的地区。东亚地区的海上旅游业也已开始兴起。旅游船的文化和体育设施是比较突出的。

图 5-19　特大豪华旅游船

车辆-旅客渡船可以使旅客带着自己的小轿车渡过海峡到邻近的岛屿或国境外去旅游。车客渡船在欧洲的波罗的海和地中海、东亚的日本最为发达。我国和东南亚地区则有巨大的发展前景。

　　过去，游艇是王公贵族和富豪之家的专利（见图 5 - 20 和图 5 - 21）。

图 5 - 20　富豪们在游艇上

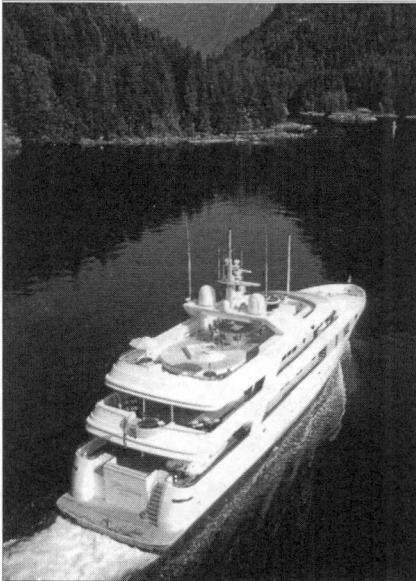

图 5 - 21　当代豪华游艇在海湾景区航行

当今世界经济发展，富裕人群增多。愈来愈多的人们喜爱远离繁华的城市，到广阔的海洋去活动。只要我们走到一个大城市的游艇码头，就可以看到各式各样的游艇（见图 5-22 和图 5-23）。一家人把船开到一条小河或小海湾内，进行垂钓、游泳和其他娱乐活动（见图 5-24 和图 5-25）。

图 5-22　游艇码头

图 5-23　家庭用小游艇

图 5-24　小游艇开入小河

图 5-25　一大家人在游艇内娱乐

第六章
当代海军舰艇

第二次世界大战结束后，各国都致力于恢复创伤和休养生息。但这时世界在意识形态上分为两个阵营，以苏联为首的社会主义国家迅速崛起，而作为资本主义支柱的美国则大力巩固其既有的统治地位，并力图削弱对方的力量。因此，海军军备竞赛再度兴起。而且长期以来，地区战争不断，也需要各种新式舰艇。20世纪下半叶，世界经济持续增长，科学技术进步，各国国力不断增强，也促进了海军舰艇的发展。

第一节　导弹的出现

导弹是由军舰上的雷达或导弹内装有自导仪器，跟踪目标，提高命中率的武器。在第二次世界大战后期，德国发展了大型中距离 V2 型导弹，给英国一些城市造成了一定程度的损害。现在，各国都已推出了各种形式的导弹百余种。如美国的空对空"响尾蛇"导弹和舰对空的雷达制导导弹"海麻雀"，射程都是20余公里。舰对地导弹有著名的"海神"型和"三叉戟"型，前者的射程约为 4 600 公里，后者则可达 11 000 公里。惯性制导的导弹，如苏联的潜对地"SS"系列导弹的性能也与此相仿。这些导弹往往是多弹头的，并可装核弹头，而成为战略核潜艇的威慑性武器。

此外，法国空对舰和舰对舰的"飞鱼"型导弹也很有名。这是一种惯性制导加雷达寻的导弹。这种飞翔式导弹在海面上2～3米的高度飞掠而过，雷达难以捕捉。导弹需要雷达等侦察敌情、武器制导的电子仪器设备的支持。因此，甲板上须有足够的空间来容纳这些设备。船的上部空间和重量也就不断增加，船的重心也不断提高。为了降低船的重量和重心高度，船的上层建筑更多地采用铝合金制造，有些舰艇还在船的底部加压载。为了保证船的稳性，现代军舰也有加大船宽的倾向。

第二节　核动力装置和燃气轮机动力装置的发展

　　铀原子裂变（fission）释放出大量热能。如该裂变能够减缓并被控制，则产生的热能可通过锅炉产生蒸汽，再通过汽轮机产生动能以推进船舶。这种热能在一个核反应堆中产生，不需空气中的氧气助燃。因此，这是最适合潜水艇用的动力装置。潜水艇采用这种动力装置就可长期潜伏于水下作战了。

　　美国原子能委员会于1948年与西屋（Westinghouse）电气公司签订开发潜水艇推进用核动力装置的合同。第一艘核动力潜水艇 Nautilus 号的建造任务由通用动力电船（General Dynamics Electric Boat）公司担任，并于1952年开工制造，1954年1月下水，同年9月服役（见图6-1）。在当时，这是一艘很大的潜水艇，艇长 99 米，宽 8.5 米，标准排水量为 3 530 吨，主机功率为 11 190 千瓦，下潜航速为 25 节。艇上装有 6 只 533 毫米口径的鱼雷发射管。艇上共有艇员 105 人。它曾一次航行完成了 91 324 海里航程，其中 78 885 海里的航程是潜入水下完成的，下潜深度达 219.5 米。1958 年 8 月 3 日，它在北极冰下通过，完成了在冰层之下从太平洋到大西洋的航行。Nautilus 号起初用铀 235 作为燃料，2 年后换装燃料时，改用浓缩铀。这是当今核动力装置的标准燃料。

图 6-1　核动力潜水艇 Nautilus 号

燃气轮机喷气推进于 20 世纪 60 年代已在飞机上获得广泛应用。船用燃气轮机就是这些飞机发动机改装为船用的而已。起初燃气轮机主要用在驱逐舰和护卫舰上，而且是与蒸汽轮机或柴油机联合使用。当战术需要舰艇高速航行时，燃气轮机提供所需增大的功率。当燃气轮机的可靠性被进一步证实后，不仅许多小型舰艇以燃气轮机作为船上唯一的推进动力装置，而且一些大型舰船（如航空母舰和巡洋舰）也以燃气轮机作为推进动力装置。

燃气轮机的优点是功率与重量比值高，机器占用舰内的容积少。从冷却状态开动，只要几分钟就可以达到全功率状态，不需暖机操作过程。因此适合紧急起动，迅速达到高速航行的场合。其缺点是造价较高，燃料消耗较大，而且由于使用高挥发性燃料，因此发生火灾的危险也较大。

第三节　战斗舰和航空母舰的发展

第二次世界大战的经验证明，战斗舰在海上战斗中的决定性作用已经丧失。因此各国不再建造战斗舰，原有的战斗舰也基本上退役。仅美国仍保留了其 58 000 吨的 Iowa 级战斗舰 4 艘。它们都于 20 世纪 80 年代进行改装，使其现代化（见图 6 - 2）。除原有 9 门 406 毫米口径的重炮、12 门 127 毫米口径的炮和众多的对空速射炮外，还加装了"战斧"式和"鱼叉"式导弹。装有最新的对空、对海、炮瞄和火控雷达，并配有直升机 3 架。因此它们可作为航空母舰的防空和反潜的支援力量。在某些情况下，例如在朝鲜战争、越南战争和海湾战争时，美国都出动这些战斗舰，炮击对方海岸设施，发挥其威力。

图 6 - 2　改装后的 Iowa 级战斗舰

　　航空母舰是在现代海战中起着决定性作用的舰种，因此也是当代各国海军发展的重点。特别是美国凭借其雄厚的经济实力，建设庞大的海军，以压制其对手。20世纪70年代美国建造的尼米兹（Nimitz）级核动力航空母舰，舰长332.8米，宽40.8米（飞行甲板宽78.3米），吃水11.3米，排水量为91 500吨，推进动力装置功率为209 000千瓦，航速为33节（见图6-3）。由于是核动力装置，不愁燃料不足，即使以30节的高速航行，作战半径也可达280 000海里。舰上载有90架飞机，对空武器则有"海麻雀Ⅷ"导弹和近程20毫米口径的速射炮。由于对敌监控、战术指挥、飞机导航、卫星通信、武器控制和航海导航等设备系统众多，因此舰上发电站功率达到64 000千瓦，紧急供电系统的功率也达8 000千瓦。舰上操驾人员3 660人（其中军官142人），再加上航空兵2 626人（其中军官304人），合计6 286人。美国现有该级航空母舰6艘，每艘造价为18.81亿美元。Nimitz级核动力航空母舰比第二次世界大战末期的41 900吨的卡伯特（Cabot）级航空母舰大得多和复杂得多。20世纪90年代美国又建造了更为复杂的西奥多·罗斯福（Theodore Roosevet）级航空母舰。

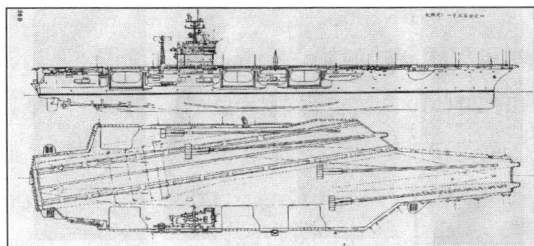

图6-3　Nimitz级核动力航空母舰

苏联的航空母舰发展较迟。20 世纪 70 年代上半叶建造的基辅（Kiev）级载机巡洋舰，舰长 273 米，宽 32.7 米，飞行甲板宽 47.4 米，吃水 10 米，排水量为 43 000 吨（见图 6-4）。该舰装有汽轮机动力装置，总功率为 121747 千瓦，航速为 32 节。以 18 节巡航速度航行，作战半径为 13 500 海里。舰上载有飞机 14 架，直升机 25 架。舰上除了装有 4 组双联装 76 毫米口径的火炮和多门 30 毫米口径的对空速射炮外，还装有 10 只鱼雷发射管。这是一艘兼有防空支援、反潜和对敌舰作战功能的巡洋舰。苏联于 80 年代后期开始建造 75 000 吨的大型航空母舰。

图 6-4　苏联的基辅级载机巡洋舰

英国、法国等国所造的航空母舰较小（见图 6-5）。如英国 1980 年服役的 20 600 吨航空母舰无敌（Invincible）号，总长为 206.6 米，总宽为 27.5 米，飞行甲板宽度为 31.9 米，吃水为 7.3 米，航速为 28 节，作战半径为 5 000 海里。舰上载有 5 架能垂直起落的鹞式飞机和 9 架反潜直升机。

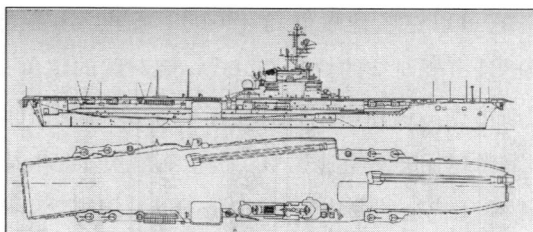

图 6-5　法国的航空母舰

第四节　现代的巡洋舰、驱逐舰和护卫舰

　　现代巡洋舰的武装导弹化和配备了直升机以后，有了很强的防空、反潜、舰对舰和舰对陆的攻击能力。采用核动力装置以后，活动海域不受限制。在某些作战情况下，巡洋舰还可作为指挥舰使用。因此，各国仍建造了不少巡洋舰。

　　美国于 20 世纪 50 年代末就建造了第一艘核动力推进的巡洋舰长滩（Long Beach）号（见图 6-6）。船长 220 米，排水量为 17 100 吨。该舰装了 2 座核反应堆，推进功率为 44 760 千瓦，航

图 6-6　长滩号巡洋舰

速为 30 节。它可以这个速度航行 150 000 海里，不需再添加燃料。舰上虽已装有舰对空的"标准"式、舰对舰的"鱼叉"式和反潜的"阿斯洛克"式导弹，但仍装有 2 门 127 毫米口径的火炮和 12 门 20 毫米口径的对空速射炮。舰上有舰员 1 160 人。

20 世纪 70 年代造的弗吉尼亚（Virginia）级核动力巡洋舰要小一些，标准排水量为 11 000 吨。但舰上的武装并不弱于长滩号，而且更加先进，舰员人数为 472 人，仅及长滩号的 40%。

美国最新的宙斯盾（Aegis）级巡洋舰，实际上是从大型导弹驱逐舰发展而来的。全长为 172.5 米，宽度为 16.8 米，吃水为 6.5 米，满载排水量为 8 910 吨。采用全燃气轮机动力装置，总功率为 59 680 千瓦，航速为 30 节，作战半径为 6 000 海里。该舰的宙斯盾武器系统是以防空、反潜为目标，属于快速反应的自动综合武器系统，装有舰对空的"标准"式和反潜的"阿斯洛克"式导弹系统。舰上还装有 2 座 4 联装"鱼叉"式的舰对舰导弹。

苏联也于 20 世纪 70 年代后期建造了基洛夫（Kirov）级核动力巡洋舰，舰长 247.5 米，排水量为 25 000 吨，推进动力装置总功率为 121 700 千瓦，航速为 34 节，是当前最大的巡洋舰（见图 6 - 7）。苏联同时也造了 3 艘燃气轮机推进的光荣（Slava）级巡洋舰，排水量为 12 500 吨，主机总功率为 74 600 千瓦，航速为 34 节，也装有对舰、对空和反潜导弹，并配备了直升机。

图 6 - 7　基洛夫级核动力巡洋舰

英国和法国虽没有再造大型水面战斗舰船，但它们造了许多出色的驱逐舰和护卫舰。20世纪70年代中期，法国建造了图尔维尔（Tourville）级驱逐领舰，即小舰队领舰或大型驱逐舰，排水量为5800吨，汽轮机动力装置，总功率为40580千瓦，航速为32节。舰上舰对舰、对空和反潜导弹一应俱全。舰上还有2门100毫米口径的火炮，2只鱼雷发射管，并配有2架直升机。

20世纪60年代中期，英国的大型驱逐舰已采用汽轮机和燃气轮机联合装置。如1966年服役的郡（County）级驱逐舰，舰长158.6米，宽16.5米，吃水6米，排水量为6200吨（见图6-8）。22380千瓦的汽轮机装置和11190千瓦的2台燃气轮机，航速可达30节，以28节速度航行，行动半径可达3500海里。

图6-8 英国的郡级驱逐舰

20世纪90年代，美国的全燃气轮机驱逐舰阿利·伯克（Arleigh Burke）号服役（见图6-9）。该舰的长度虽较短，仅为142.1米，但船宽和吃水均较大，分别是18.3米和8米，排水量可达8500吨。舰上装有4台燃气轮机，总功率为74600千瓦，航速为33节，以20节速度航行，续航力是6000海里。该舰装有宙斯盾武器系统，可协同巡洋舰作战，因此也可称为轻巡洋舰。

图 6-9　美国的 Arleigh Burke 号驱逐舰

　　苏联于 1981 年服役的无畏（Udalog）级驱逐舰，舰长 163 米，宽 18.5 米，吃水 6.5 米，排水量为 8 200 吨。动力装置和武器都几乎和美国的军舰一样。这种型号的军舰共造了 12 艘。

　　英国似乎集中力量发展护卫舰（frigate）。从 20 世纪 50 年代以来，发展了多种比驱逐舰略小，但也功能齐全，以反潜护航为主要任务的小型战斗舰艇，排水量从 1 000 余吨到 2 000 余吨。该型舰采用柴油机或汽轮机为推进动力装置。后来增加了燃气轮机，以提高功率和航速，使航速达到 24～32 节。

　　20 世纪 60 年代以后，护卫舰上又配备了直升机，舰的吨位有所加大。1979 年服役的大刀（Broad Sword）型护卫舰，舰长 131.2 米，排水量为 4 400 吨，装有功率为 20 890 千瓦的燃气轮机和巡航用 3 170 千瓦的燃气轮机各 2 台。巡航速度为 18 节，续航力为 4 500 海里（见图 6-10）。这种舰船的电站功率也达 3 000 千瓦。美国于 20 世纪 70、80 年代建造的护卫舰的功能也与此相仿，其中奥列弗·H. 佩里（Oliver H. Perry）级护卫舰共造了 75 艘。由此可见这种舰艇用途的广泛。我国也有一些火力较强的护卫舰（见图 6-11）。

图 6-10　英国的大刀型护卫舰

图 6-11　我国的导弹护卫舰

第五节　潜水艇的发展

　　潜水艇作为当代海军中很重要的一员，这是不言而喻的。首先是它的隐蔽性。采用核动力装置为推进和其他舰用设施提供电力，可长期深潜在水面之下。由于材料科学的进步，现在生产的高强度钢所制造的潜水艇可下潜到水面以下 305 米的深度，而水面舰艇装备的声呐（sonar）探测设备还达不到这个深度。冶金专家们还认为，在钢的冶炼过程中增加稀有金属，例如钛（titanium），可以提高钢的强度和韧性，用这种材料制造的潜水艇可下潜到 915 米的深度。

　　从潜水艇上可以发射导弹。潜水艇可出没于任何公海水域，因此它即使只携带中程导弹，世界上任何城市都难以避免它的攻击。如果所载导弹装上核弹头，则可成为战略威慑性武器。因此各国海军都大力发展核潜艇。

当代海军核潜艇可分为攻击型潜艇和弹道导弹潜艇两大类。

美国自从 20 世纪 50 年代中期第一艘核潜艇 Nautilus 号服役获得成功后，就一直大力发展攻击型核潜艇，其中以"鱼"的名称命名的 3 000～4 000 吨（下潜时为 4 000～5 000 吨）级核潜艇就造了 60 余艘。还有以"乔治·华盛顿"等名人和城市命名的较大的 6 000～7 000 吨级核潜艇造了 70 艘（见图 6 - 12）。例如，90 年代后期建造的洛杉矶（Los Angeles）级攻击型核潜艇，艇长 109.7 米，宽 10.1 米，高 9.8 米，排水量为 6 000 吨（下潜时为 7 000 吨），推进功率为 18 650 千瓦，水面航速为 22 节。舰上武器有潜对舰的"鱼叉"式导弹和"萨布洛克"式弹道导弹，以及 4 只 533 毫米口径的鱼雷发射管。舰上雷达、声呐、战术指挥、鱼雷发射控制、卫星通信和电子对抗等电子系统一应俱全。

图 6 - 12　美国的攻击型核潜艇

苏联从 20 世纪 50 年代后期到 80 年代也建造了近 80 艘攻击型核潜艇，其中如 70 年代初服役的 Y 级（Yankee Classe）核潜艇，艇长 131 米，排水量为 8 000 吨（下潜时为 10 000 吨），推进主机功率为 22 380 千瓦，水面航速为 27 节（下潜航速为 29

节）。舰上装有 6 只 533 毫米口径的鱼雷发射管。后来又装了反潜和对舰导弹。

苏联的弹道导弹核潜艇要更大一些。例如 20 世纪 80 年代服役的 T 级（Typhon Class），也称"台风"级核潜艇，艇长 171 米，宽 25 米，高 11.5 米，排水量为 20 000 吨（下潜时为 29 000 吨）。核动力功率为 59 680 千瓦，水面航速为 24 节（下潜航速达 32 节）。该艇下潜深度达 1 000 米。潜艇上载有 SS-NX20 潜对地导弹 20 枚。该型导弹射程为 8 300 公里，导弹可带 2 枚分导式重返大气层的弹头。苏联共造了弹道导弹核潜艇 60 余艘（见图 6-13 和图 6-14）。

图 6-13　弹道导弹核潜艇上的发射筒

美国也造了弹道导弹核潜艇 50 余艘，其中 20 世纪 80 年代服役的俄亥俄（Ohio）级核潜艇，长 170.7 米，宽 12.8 米，高 10.8 米，排水量为 16 600 吨（潜航时为 18 700 吨），核动力装置功率为 44 760 千瓦，水面航速为 20 节（下潜航速为 25 节以上），比苏联的同类核潜艇略小一点，但它载有射程为 7 500 公里以上的"三叉戟"型导弹 24 枚，有相当的战略威慑作用。由此可见，

图 6-14　苏联的弹道导弹核潜艇

两国在这方面竞争的激烈程度。

第六节　两栖战斗舰艇

　　第二次世界大战结束以来，虽然没有发生过大规模的登陆战，但 1950 年朝鲜战争初期，美军在仁川登陆，1982 年英国和阿根廷争夺大西洋南部的马尔维纳斯（福克兰）群岛的战斗中也有登陆战。在局部战争中，两栖战斗是经常发生的事。因此各国海军都认为海军具备两栖作战能力是必要的。各海军强国利用当代科学技术，发展新一代的两栖战斗舰艇，也取得了一些成就。

　　美国发展了现代的用于大规模两栖战斗的指挥舰。例如 20 世纪 70 年代服役的蓝岭（Blue Rige）级指挥舰，排水量为 19 000 吨，主机功率为 16 400 千瓦，航速为 20 节（见图 6-15）。舰上装有 4 门 76 毫米口径的火炮和 16 枚舰对空的"海麻雀"导弹。舰上还配有 3 架直升机，以方便对外交通联络。由于舰上雷达、通信设备、信息处理和战术指挥系统很多，因此舰上人员也多。担任该舰操作驾驶工作的舰员共 720 人（其中军官 40 人），加上两栖作战人员 700 人（其中军官 200 人），合计 1 420 人。

图 6 - 15 蓝岭级两栖指挥舰

苏联和美国都发展了高速气垫登陆艇。这些船都用燃气轮机驱动。苏联的可载 24 名战士及其装备的 27 吨鹅级（Gus Class）气垫登陆艇，主机功率为 2 130 千瓦，航速为 50 节（见图 6 - 16）。这些艇的续航力只有 300～400 海里。它们都由大型登陆舰长距离运送到登陆地点。

图 6 - 16 高速气垫登陆艇

大型登陆舰，如 20 世纪 70 年代末服役的苏联登陆舰伊万·罗戈夫（Ivan Rogov）号，舰长 158.9 米，宽 24.5 米，排水量为

14 000 吨（见图 6-17）。该舰装有 2 台燃气轮机，总功率为
18 650 千瓦，航速为 23 节。如以 12 节航速航行，航距可达
12 500 海里。这是一艘船坞式两栖运输舰，除可运送上述高速气
垫登陆艇外，还可载运 700 名海军陆战队战士及其车辆和重型武
器。舰上也有舰对舰、反潜和防空导弹等自卫武器及雷达等有关
电子系统。

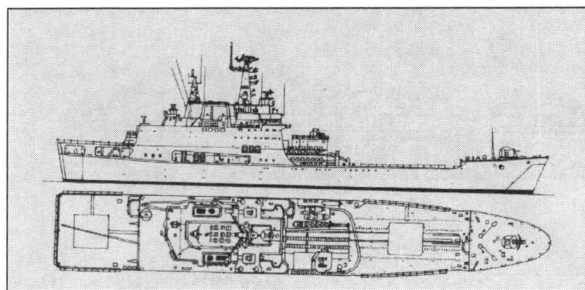

图 6-17　伊万·罗戈夫号大型登陆舰

　　当今，海军舰艇的发展，主要有下列几个方面：一是信息
化，利用信息、传感器和作战三个网络，更快更准确地发现敌
情，并快速做出攻击行动；二是舰艇的隐身术，除了降低噪声和
电磁波的辐射外，还要用复合材料制造外壳，吸收光波、声波和
雷达波；三是为提高快速性和改善适航性以及增大通信与作战装
备用的面积，而采用小水线面双体船、多体船和穿浪双体船等新
型船型（见图 6-18）。此外，适合于各种舰船和各种航行情况的
螺旋桨也是多种多样的（见图 6-19）。从以上情况可知，海军舰
艇的高科技时代已经来临。

图 6-18　小水线面双体船

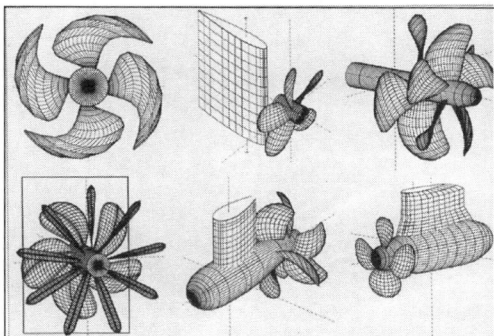

图 6-19　当今的各种螺旋桨

第七章
渔船

自古以来，沿海居民都向海洋获取水产食品，特别是捕捞鱼类。一直到近代，渔民们用木帆船，进行绳钓、张网、拖网、布网等作业，捕捞鱼类。捕鱼范围也从沿海，逐渐延伸到几千海里之外的远洋渔场。

19 世纪 80 年代以后，蒸汽机开始用于渔船的推进和拖航。图 7-1 就是一艘较早的拖网渔船。船上还装有桅帆。拖网捕鱼时，张开后桅帆以稳定拖网作业。20 世纪初，英国对渔船普查的结果是蒸汽机渔船 3 000 艘，15 万吨；木帆渔船 23 000 艘，20 万吨。可见当时蒸汽机渔船已占重要地位。

图 7-1　1912 年的英国拖网渔船

随后，柴油机在 30 米长以内的小型渔船上得到推广应用。开始的一个时期，还是机、帆并用，称为"机帆船"。船有了机器推进，就可以不受风力和风向的影响，大大地提高了安全性。过去，我国沿海的木帆渔船在台风来临时，因风向不顺，无法及时航行到避风港，而被吹翻沉没。而机帆船则可顺利航行到避风港域而逃脱灾难。当代渔船基本上都是以柴油机-螺旋桨作为航行和拖网的动力装置。

渔船有拖网、围网、钓捕、猎捕渔船等几大类。此外还有渔业加工船和鱼产品运输船等。

第一节　拖网渔船

拖网作业有底拖网和中层拖网两种。底拖网用以捕捞栖游于海底的鱼类。中层拖网则捕捞浮游于海洋中上层的鱼类。

我国过去的渔船较小，多用"对拖"法，即双船拖网法捕鱼（见图 7-2）。欧洲国家的渔船则多用单船"舷拖"法（见图 7-3）。用吊杆、滑轮放网、起网均在船的右舷，有其方便之处，但起网时会使船产生较大的倾斜。

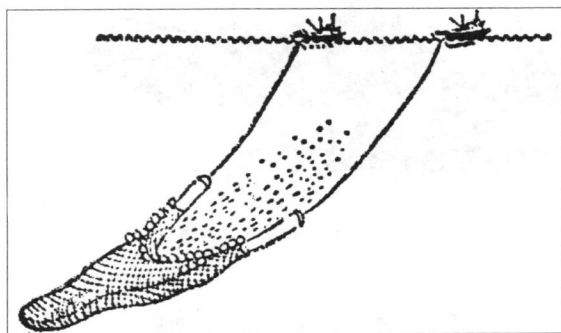

图 7-2　"对拖"法捕鱼

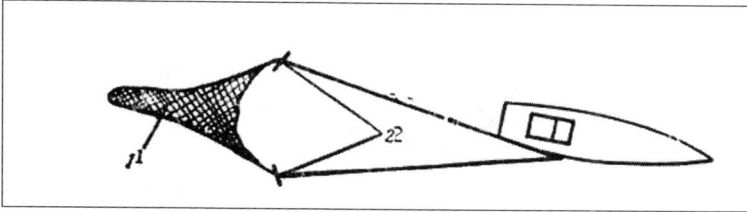

图 7-3 "舷拖"法捕鱼

20 世纪 50 年代开始发展的尾滑道渔船是拖网渔船的一个大革新（见图 7-4 和图 7-5）。渔网从船尾中央的坡形滑道放出，捕获鱼类后也从此拖入船内。尾拖网渔船可顶风顶浪作业，横摇少，而且对在船上布置鱼类产品加工机械装备也有利。

图 7-4 尾滑道渔船操作

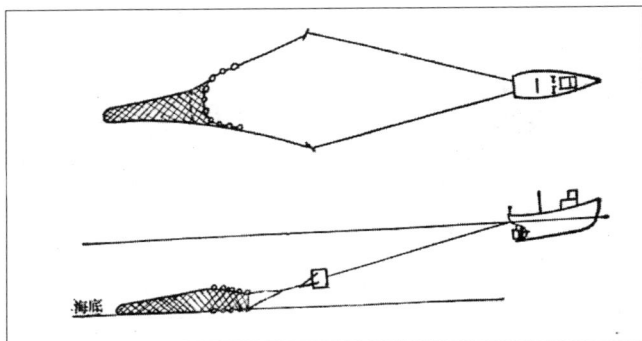

图 7-5 海底拖网

　　用两艘船进行对拖作业，渔网口的宽度可由两船的相互距离
控制。大型渔网网口的宽度达 50 米，高度也达 30 米。大型渔船
进行舷拖作业时，要用两块 2.35 米×1.52 米的木质"张网板"，
借拖航的航速张开网口。渔船的拖航速度在 3～4.5 节。当代大
型拖网渔船长达 100 米，船上装有完备的鱼产品加工设备（见
图 7-6）。

图 7-6　当代尾滑道渔船

第二节　围网渔船

围网渔船用围网法捕捞海洋中上层鱼类。围网渔船带一小艇。发现鱼群后，立即把小艇放下。将网索的一端系于小艇上。大渔船围绕鱼群高速航行，并放网，围成一个大圆圈，与小艇会合。随即，收紧网的下端，将鱼群围入网中（见图 7 - 7）。

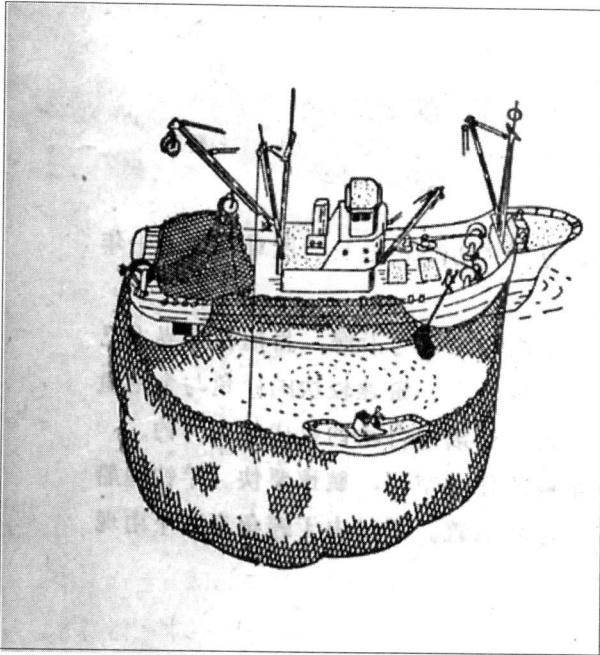

图 7 - 7　围网捕鱼作业

围网捕鱼也会利用一些鱼类的趋光习性，采用灯光诱捕。这就要增加 1～2 只灯船配合工作。有的大型围网渔船还配备直升机，协助探寻鱼群，探鱼距离可达60海里。

流网渔船在海中布设了长达几千米的长带形网具。这面长网由多块上部系有浮子，下部系有沉子（重物，使网面垂直）的矩形网片连接而成。当鱼类触碰流网时就会被刺挂在网眼中，或被缠绕在网衣上（见图7-8）。流网渔船和流网随着风向和海流而漂移。

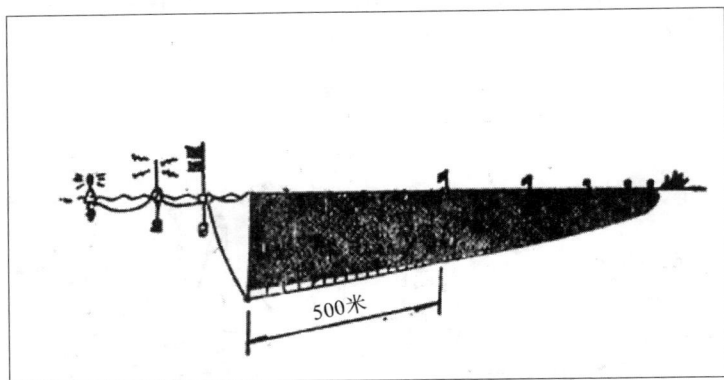

图7-8　流网作业

第三节　钓鱼船

钓鱼船适用于海底多礁的渔场。钓具由干线、浮绳和钓线等部分组成。在钓线上的钓钩上装上诱饵，诱鱼吞食上钩。用这种方法捕鱼，可钓捕体形大、质量好的鱼类。这种捕捞方式基本上不影响资源保护。钓鱼船有延绳钓和竿钓两类。

（1）延绳钓渔船：船上有盘存钓具和放出、回收钓具的设备。放线时钓具由船尾放出，渔船全速航行。收线时则以4～6节的低速航行，从船首收回钓具（见图7-9）。

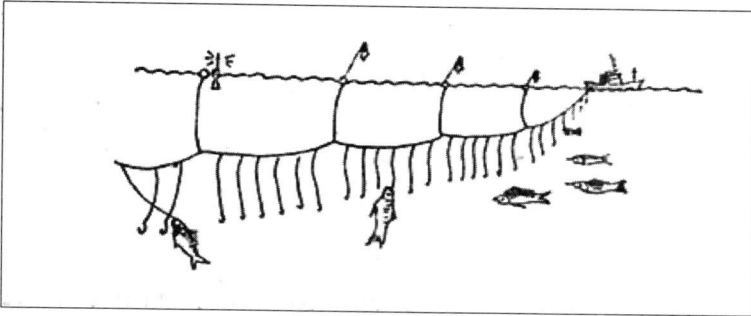

图7-9　延绳钓法捕鱼

　　（2）竿钓渔船：主要是钓捕体形大、游速较快的鲣鱼和金枪鱼。钓竿约长5米。以前用人力手钓，现已多用机械钓机。竿钓船的干舷和舷墙较低，操作方便（见图7-10）。

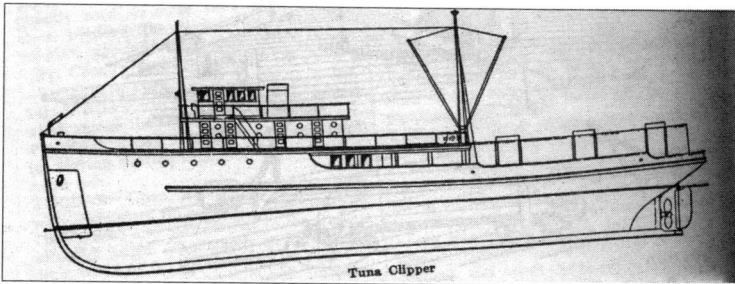

图7-10　金枪鱼竿钓船

第四节　猎捕渔船

　　猎捕渔船主要是指捕鲸船。为了追捕鲸鱼，航速应不低于14节。捕鲸船还要有灵活的操纵性和良好的适航性。船首端高出水面 6～8 米处设有捕鲸炮，可把巨大的鱼叉投向鲸鱼。驾驶台和炮座之间有栈桥相连（见图 7-11）。

图 7-11　捕鲸船

鱼叉连有长达千米的绳索，拉住鲸鱼，把它拖到基地或捕鲸母船进行解体加工。远洋捕鲸队一般由十几艘捕鲸船和一艘万吨级的捕鲸母船组成。鲸肉可作为饲料，鲸油是重要的工业原料。由于捕鲸队对鲸鱼的大量捕杀，有损生态平衡，因此捕鲸活动受到了人们的谴责。

第五节　渔业加工船

渔业加工船也称渔业基地船，是较大的万吨级的船（见图7-12）。船中部舷边平直，以便渔船靠泊，卸下渔获。甲板宽大，以便接受渔获品。船内设有剥割、加工和制罐头等的车间，包括制鱼油、鱼粉、鱼糜等车间。船上有很大的冷冻舱，供低温储存渔产品。

图7-12　当代的捕捞及渔业加工船

第六节　渔产品运输船

渔产品运输船的任务是把渔船在渔场捕获的渔产品保鲜地运到渔业基地和市场。船上备有巨大的冷藏舱（见图7-13）。运输船往往还为在渔场作业的渔船提供一定数量的燃油、淡水和食品等。

图 7 - 13　渔产品运输船

第八章
工程船

工程船主要是指疏浚河道，建筑港口码头用的施工船舶。欧洲人说："上帝造海，荷兰人造陆。"荷兰人为了防范海潮和飓风的侵害，建堤筑坝工程特多。英国是最早的工业化国家。工程船最早出现于荷兰和英国这两个国家是很自然的事。工程船主要有挖泥船、起重船和打桩船等。

第一节 挖泥船

挖泥船形式多样，主要有抓斗式、链斗式、绞吸式和耙吸式等几种，现分别简述如下。

一、 抓斗式挖泥船

抓斗式挖泥船是最简单的挖泥船（见图8-1）。

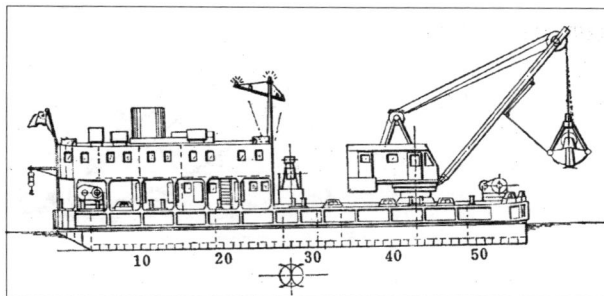

图8-1 抓斗式挖泥船

船上的起重吊杆或起重机的吊臂上系着一只可控制其张开或闭合的抓斗。抓斗的重量很大，约为其所抓泥土重量的4倍。作业的程序是：张开抓斗，把它投入水中。抓斗凭借自身重量插入海底泥沙中。然后，闭合抓斗，把所抓的泥沙提出水面。张开抓斗，把泥沙倒入运泥驳船。这种挖泥方法最早是人力用滑轮索具操作的。蒸汽机和柴油机发明后，挖泥船也就依靠机器动力操作了。抓斗式挖泥船适用于狭窄水道，特别是码头边和船坞口等处的疏浚工作。

二、 链斗式挖泥船

链斗式挖泥船的船中央开有槽口，槽口内装了一个长梯（也称斗桥），斗桥绕有很多泥斗。斗桥可以改变倾斜度，以适应不同水深的情况（见图8－2）。

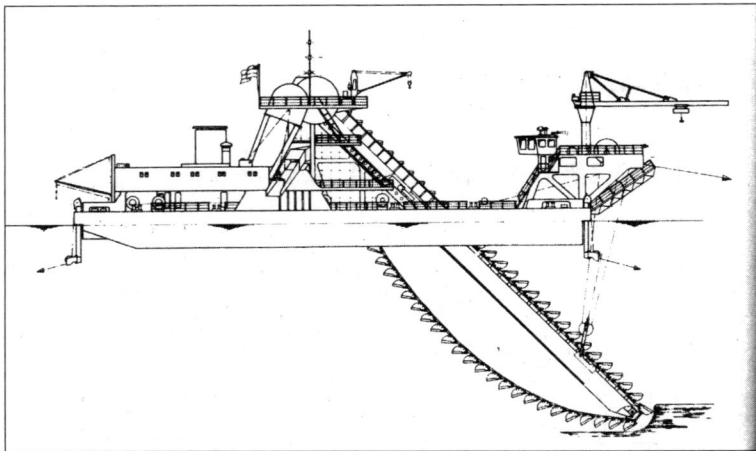

图8-2　链斗式挖泥船

　　这种挖泥船可以连续地从海底挖出泥沙，提升到水面，通过排泥管输送到堆放地点。链斗式挖泥船可以连续作业，效率较高。但这种挖泥船进行作业时需抛锚操纵控制船位，占用水域较多，影响其他船只通行。1803年，英国就造出了第一艘链斗式挖泥船。

三、　绞吸式挖泥船

　　绞吸式挖泥船的前端有一伸到水底的绞刀架，架端装有绞刀头和吸泥管（见图8-3和图8-4）。船上装有吸泥泵。绞刀将水底的泥沙绞碎。吸泥泵把由泥沙和水混合而成的泥浆吸入并输送到船的泥舱（如挖泥船设有泥舱）中，或通过排泥浆管道输送到指定地点。

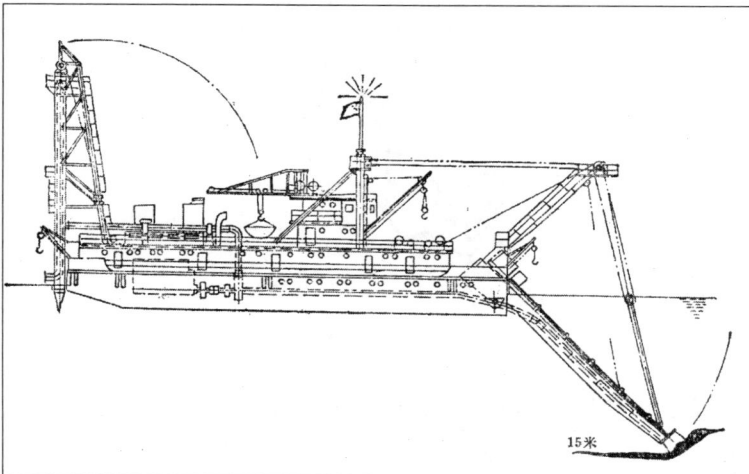

15米

图8-3　绞吸式挖泥船

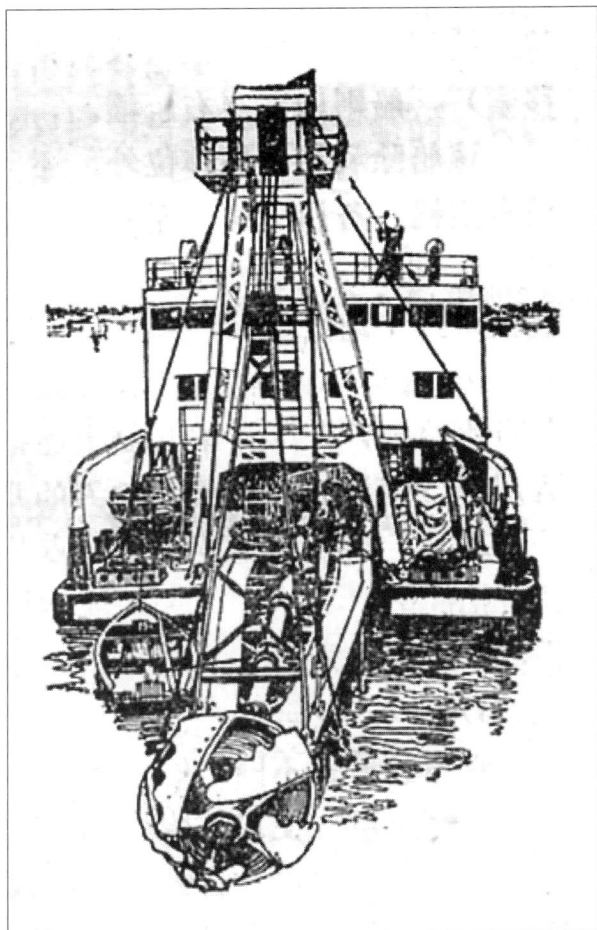

图 8-4　绞刀头

　　绞吸式挖泥船的尾部设有横向距离约为 5 米的两根尾桩。挖泥作业时，插下一根作为定位桩，也就是船的转动中心。当船转到一舷时，另一桩已向后退（或前进）了几米的距离。两桩交替使用，船就可以依靠这两根桩和移船绞车向后（或向前）移动了。

绞吸式挖泥船广泛应用于海港、内河和湖泊的疏浚工程。1892 年，英国苏格兰伦弗鲁 （Renfrew） 的地方船厂勒布尼茨（Lobnitz） 船厂就为丹麦政府建造了一艘 700 吨，吃水为 3 米的绞吸式挖泥船。

四、 耙吸式挖泥船

耙吸式挖泥船的泥耙多设在船的舷部，大船两舷都设泥耙（见图 8 - 5）。

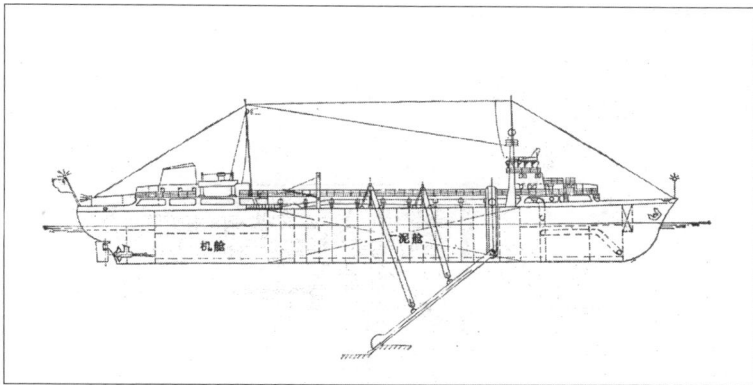

图 8-5　耙吸式挖泥船

作业时，耙头伸到海底。挖泥船以 1～3 节的低速耙泥。泥浆由船上的泥泵吸入，排到泥舱。这种挖泥船都自备泥舱。泥舱装满后，船就以 10～12 节的航速开到指定地点卸泥。

这是一种效率较高的大型挖泥船。这种船的抗风能力较强，能在较强风力下继续操作。耙吸式挖泥船一般都装有双桨和双舵，操纵性能良好。作业时，不用锚、缆等辅助作业装置，占用水面较小，不影响其他船只航行，特别适用于靠近堤坝和岸边的疏浚作业。

第二节　起重船

起重船除了装卸船载的重大货件和工业装备外，还用于起吊安装大型建筑结构，如桥梁、港工结构物以及海上油田的大型结构物等。

扒竿式起重船（见图 8 - 6）的主钩吊重可达 500 吨以上，跨距为 25 米。

图 8 - 6　扒竿式起重船

　　港口用旋转式起重船的主钩吊重一般在 200 吨以内。但用于海洋油田建设的特大型旋转式起重船的吊重可达 2 500～4 000 吨（见图 8 - 7）。

图 8 - 7　旋转式起重船

第三节　打桩船

　　港口码头和海上结构物的建设常需打桩作业。打桩船的特征是：船首部有高大垂直的打桩架。桩架上有导轨。打桩锤沿导轨升起与降落。由于桩架必须保持垂直状态，因此船内设有平衡水舱,用以调整船的纵倾和横倾。打桩船上也装有为拔桩用的重型吊钩(见图8-8)。

图8-8 打桩船

起重船和打桩船基本上都采用箱形船体,且多为非自航船舶。

附录
钻井平台

　　石油和天然气是重要的能源和化工原料。海洋的油气资源丰富，但勘探和开采困难，所耗费用也比陆地开发多几倍。陆上资源逐渐减少，油价不断提高，人们就开始从事海上油气资源的开发工作了。1887 年，美国人在美国西部加利福尼亚州海边几英尺水深，从陆地筑栈桥，用陆地的钻井方法勘探石油，未获成功。20 世纪 20 年代，美国在其南方的路易斯安那州和南美委内瑞拉的湖泊中成功开采石油，但直到 50 年代中期进展都很慢。1947 年美国在南方的墨西哥湾，离海岸 19 公里的 6 米水深处钻出石油，至此海洋石油开发开始有了突破。

　　20 世纪 60 年代由于科技进步，在大陆架钻井勘探、采油和储运技术都已成熟。特别是 1973 年石油价格飞涨，极大地推动了世界各地海洋油气开发事业的发展。

　　海洋调查船用水下地震探测法，只能测到海底地质结构和油气聚集的粗略情况。要查明确切的储量，则需进行钻井勘探。当进入水深较大的海域钻井勘探时，不仅制造和安装钻井架的费用很大，而且钻井勘探的结果往往是"干井"，即没有油气出现。此时就需要换一个井位钻探，然而在海上搬运固定式钻井架是很困难的。于是人们就开发了"移动式钻井平台"。这类平台有座底式、自升式、半潜式和钻井船等多种。

第一节 座底式平台

座底式平台是美国于 20 世纪中叶勘探墨西哥湾油田时开发的非自航式平台，又称沉垫式平台（见附图 1）。

附图 1 胜利 2 号座底式平台

平台有上下两个部分，两者之间有众多的钢材结构连接支撑。上体是一个大平台，钻井装置、动力机械和工作人员的居住生活设施都在其上。下体沉垫是 1 个或几个浮体，浮力可使整个平台浮于水面。平台出海作业，用拖船拖到井位。用海水泵抽海水灌入沉垫的压载水舱内。沉垫下沉并固定坐落于海底。开始进行钻井作业。钻井结束，将压载水舱内的海水排出，沉垫便可上浮。平台可用拖船拖到新的井位，再次进行钻井作业。座底式钻井平台的上部作业平台必须在水面以上海浪冲击不到的高度。由于上下两体中间钢质支架的高度和强度有限，因此这种平台只适用于水深不超过 30 米的海域。

第二节　自升式平台

1953 年美国造出第一个自升式平台。这种平台主要由钻井平台、桩脚和升船机三部分组成（见附图 2）。

附图 2　自升式平台

平台的形状由桩脚的数目决定，呈三角形或四边形等。桩脚是整个平台的支柱。平台上的升船机可把钻井平台沿桩脚升降到任何高度。钻井平台在水中浮动时，桩脚由平台升起，高高在上。这时，平台依靠本身的浮力，浮于水面。当平台被拖到作业井位时，升船机把桩脚下降到海底。然后，桩脚作为支撑柱体，升船机把平台提升到水面以上，达到可以防止海浪冲击的高度，从事钻井作业。钻井作业完成后，用拖船移动到新的作业井位。桩脚的结构有筒形和桁架形两种，形状多样。由于桩脚的长度和强度的限制，自升式钻井平台仅适用于水深约 100 米的海域。

第三节　钻井船

前面介绍的两种移动式钻井平台仅适用于距离海岸不远的较浅的海域。当海洋油田距离海岸较远，水深超过 100 米时，自升式平台也不适用了。钻井船可以在水深很大的海域进行钻井工作（见附图 3 和附图 4）。

附图 3　钻井船

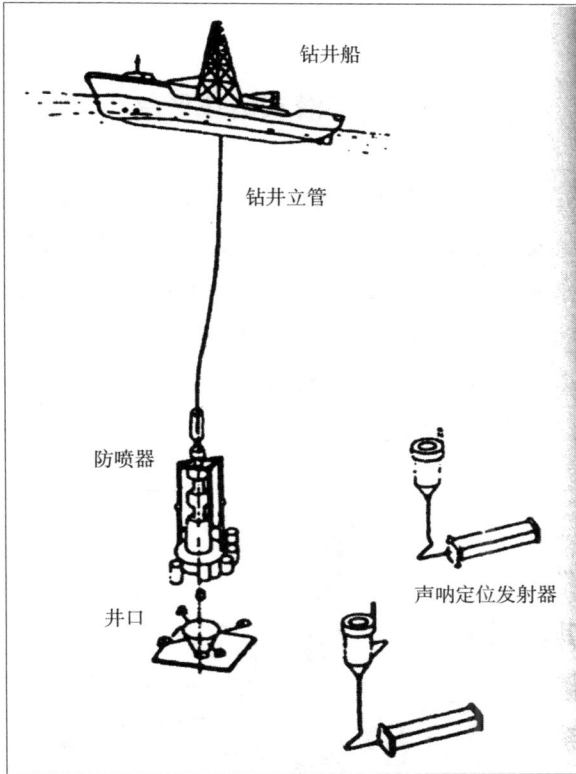

附图 4　钻井船作业

　　钻井船的船体形状与普通海船相仿。船上装设钻井架和有关钻井装置以及人员生活设施。钻井船的优点是：具有自己的动力装置，可以自航到达井位，可以在水深 3 000 米以上的水域钻井。它的缺点是：需要多只巨大的系泊锚和一系列复杂的动力定位系统来固定它的位置，钻井船受风浪的冲击力很大，动摇性较差，不利于钻井作业。因此，这种高技术的钻井船未能在海洋油气勘探开采中得到更广泛的应用。

第四节　半潜式钻井平台

半潜式钻井平台由钻井平台、几根剖面不大的立柱和水下浮体3部分组成（附图5）。进行钻井作业时，浮体潜入水下，钻井平台高出水面，不会受到海浪冲击。海面上只有几根剖面不大的立柱，受海浪冲击的影响较小，平台较易锚泊固定。半潜式钻井平台适用于1 000米以内水深的海域，它的造价和作业成本虽然较高，但仍能获得广泛的应用。

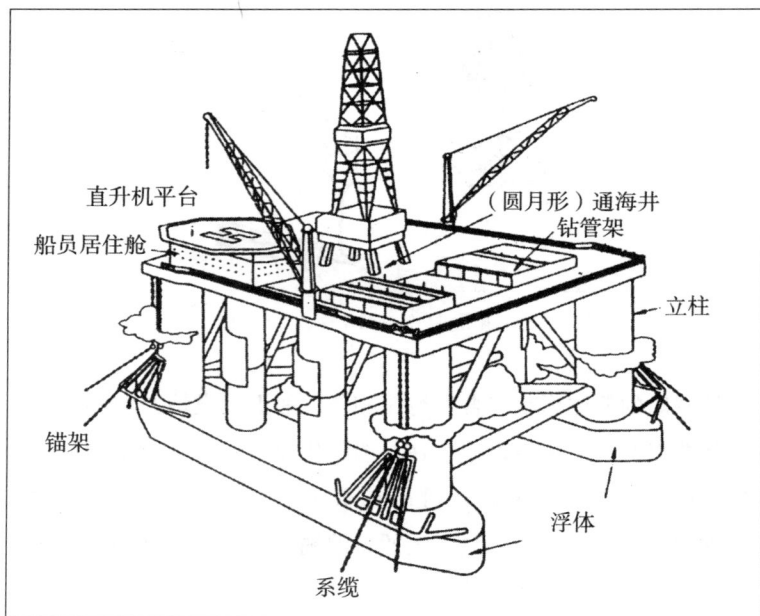

附图5　半潜式钻井平台

第五节 导管架平台

当海上油田的储量确定，认为可以进行商业性开采（生产寿命为 10～25 年）之后，就要选取最经济可靠的方法来进行采油生产。在很长的一个时期，钢质导管架平台是最常用的海洋油田结构物（见附图 6 和附图 7）。导管架平台水面以上的平台结构设有钻井架、底层甲板或生产甲板、居住区、主甲板或钻井甲板、起重机、逃生舱和直升机平台等，是一个很大的结构复杂的工程结构物。

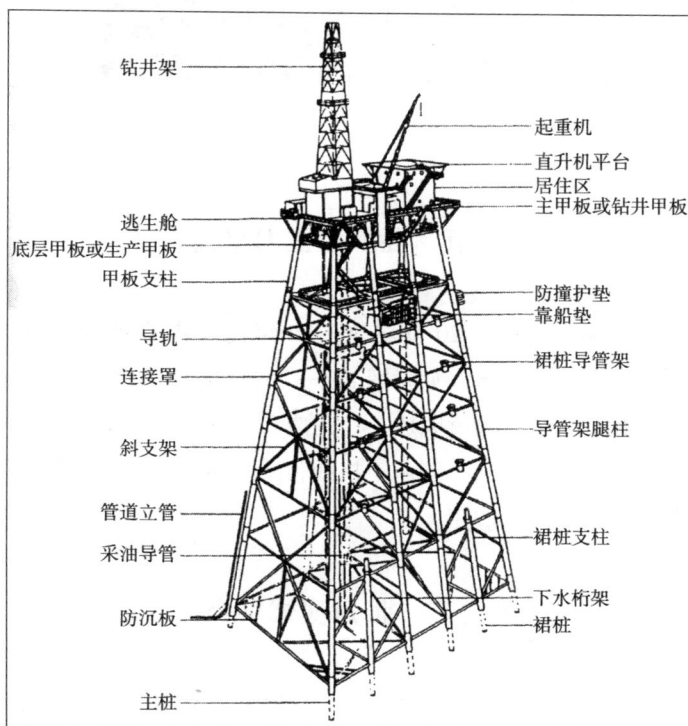

附图 6 导管架平台

附图 7　导管架被拖运到井位上去

第六节　混凝土重力平台

　　欧洲北海的油田于 20 世纪 70—80 年代安装了近 20 座混凝土重力式钻井生产平台（见附图 8）。这种巨大的平台的优点是：能在陆地建造，下水前就完成一切建造和测试工作；平台下部的沉箱内可储存大量原油；能承受超载和海洋环境的腐蚀。但它的造价较高，未能推广应用。

第七节　张力腿式平台

　　从附图 9 可见：当水深增加时，导管架的体积、重量和造价

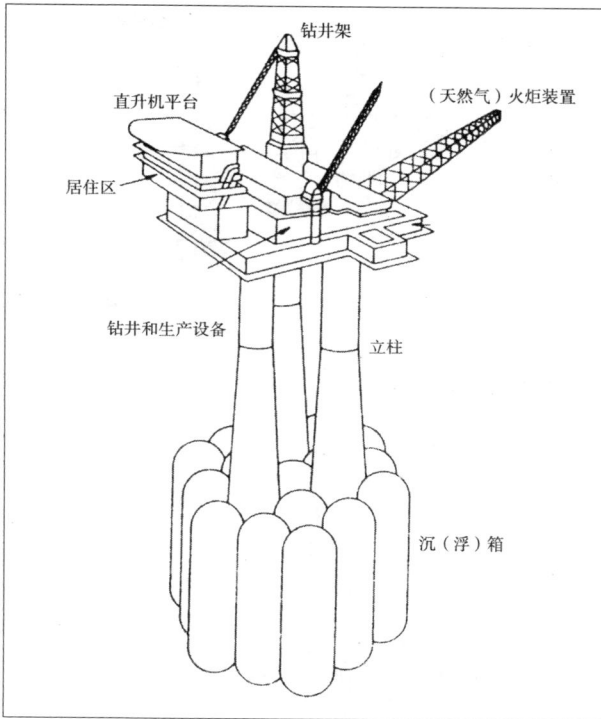

附图 8　混凝土重力平台

均迅速增长。对此，人们总要寻找摆脱困境的办法。

　　从 20 世纪 80 年代中期起，张力腿式平台开始发展（见附图 10）。这种平台类似半潜式平台，但下部采用垂直的张力腿（钢管制）系于海底。张力腿处于拉紧状态，基本上可消除平台因波浪力而产生的升沉、横摇和纵摇运动，使平台基本上固定于井口上面。

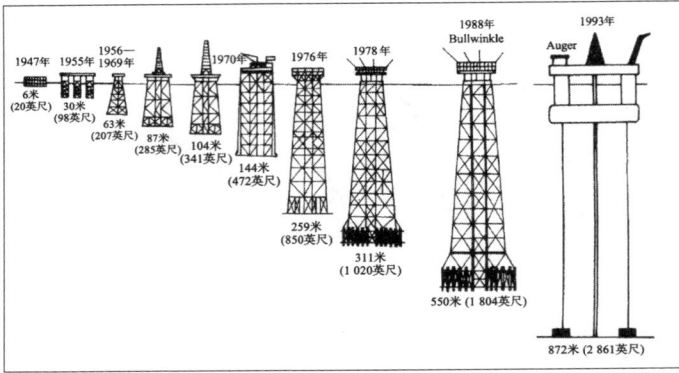

附图 9　钻井生产平台的发展历史

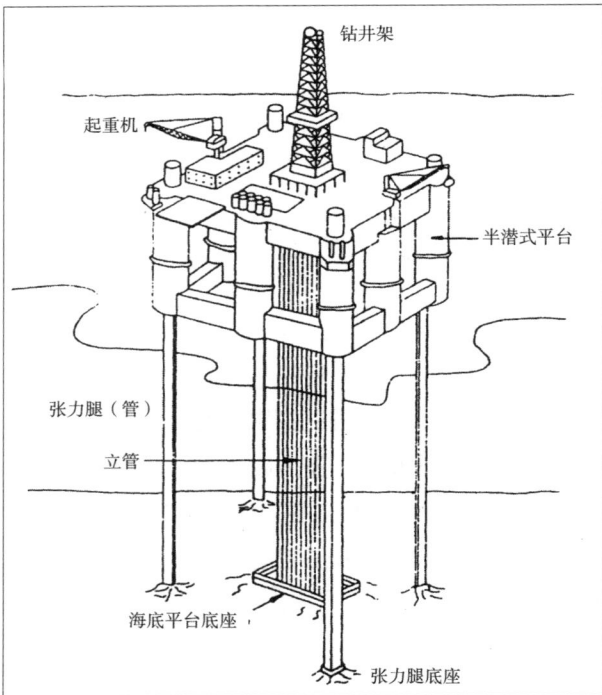

附图 10　张力腿式平台

第八节 浮式生产、储油和卸运装置

浮式生产、储油和卸运装置（floating，production，storage and offloading，FPSO）。当海上油田距离岸边较远时，用输油管线把钻井和生产平台生产的原油输送到岸上已不经济时，采用FPSO装置是适宜的。这种装置设在海上油田附近，如同一艘大油船，连接到从海底伸到水面的"单点系泊装置"（见附图11和附图12）。它有强大的原油处理能力，把海底钻出的原油中的油和水、气分离，输入储油舱。以便从这里用油船运输到岸上的石油化工基地。

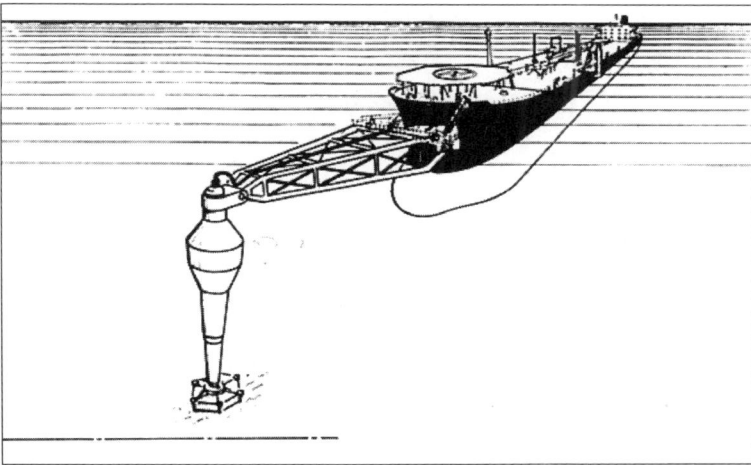

附图 11 FPSO 装置

现在全世界共有 4000 多座钻井和生产平台，分布于 30 多个国家，年产石油 20 多亿吨。

附图 12　当代最大的 FPSO 装置的船长为 300 米，载重量为 34 万吨

结束语

　　本书简要地叙述了轮船的发展历史，主要是运输船舶和海军舰艇的发展。但轮船还包括挖泥船、打桩船和起重船等工程船舶以及种类繁多的渔业捕捞、加工与运输用的船舶等。20 世纪中叶以来，海洋石油和天然气资源的勘探和开采业兴起，从而发展了多种钻探、生产、贮运船舶和平台。随着国家经济的发展和人民文化生活水平的提高，各种形式、不同大小的游艇和竞赛艇也在发展。这些类型的船舶，本书基本上没有涉及，因此这些方面的内容尚有待于专书介绍和讨论。

　　占地球表面 71% 的海洋，既是人类所需物资的宝库，又是物资流通和各国各民族相互交往的大通衢。自古以来，世界各大国、强国都十分重视海洋事业，不断加强海上力量，直到控制海洋，称霸世界。海洋的争夺十分激烈，海洋的利用日益广泛。现在，我国已成为世界经济大国，为了对人类社会作出更多更大的贡献，必须大力增强自己的海上力量。编写本书的目的，是希望能为增强国人的海洋意识，略尽绵薄之力。由于作者的水平有限，偏误之处恳请读者们赐教。

杨　槱

2005 年 3 月